Helga Föger

Mit dem Mond leben

Das Wissen vom richtigen Zeitpunkt – Die Mondkräfte im Alltag nutzen

HEYNE ‹

Inhalt

Der Mond – unser kosmischer Begleiter

Im Rhythmus des wechselnden Mondes

Mit dem Mond leben

Die Mondpraxis

Extra:
Das Mondhoroskop

Vorwort

Liebe Leserin, lieber Leser!
Seit meiner Kindheit bewegen mich die Zusammenhänge zwischen den kosmischen Einflüssen des Mondes und dem Leben auf unserer Erde. Angeregt wurde ich dazu von Bauern und Forstleuten meiner Heimat Tirol, die noch über jenes uralte Wissen verfügten, das, seit Jahrhunderten überliefert, einen großen Teil ihres täglichen Denkens und Handelns bestimmte. Viele von ihnen wissen auch noch heute um die Wirkung des Mondes auf die Natur und wenden dieses Wissen ganz bewusst bei ihrer Arbeit in Haus und Hof, im Garten, auf dem Feld und bei der Forstwirtschaft an. Bei meinen Studien, die ich immer wieder in der Praxis überprüfte und mit den Erkenntnissen anderer verglich, bestätigte sich zum Beispiel, dass das Wachstum der Pflanzen eindeutig von den unterschiedlichen Mondphasen beeinflusst wird und dass der Erfolg vieler gärtnerischen Pflegearbeiten, wie Bewässerung, Düngung, Jäten oder Ungezieferbekämpfung, ganz wesentlich vom richtigen Zeitpunkt abhängt, der wiederum vom Stand des Mondes bestimmt wird.

Aber nicht nur das Leben der Pflanzen wird vom Mond beeinflusst. Schon seit Jahrtausenden weiß man, dass der Mond auch vielfach auf den menschlichen Organismus wirkt. Man fand Zusammenhänge zwischen den Mondphasen und wichtigen organischen Rhythmen, die für körperliche Entwicklung und Gesundheit einerseits, andererseits aber auch für besondere körperliche Belastungen und Krankheiten von Bedeutung sind. Daraus wurden Regeln und Verhaltensweisen abgeleitet, die man sich in der Heilkunde jener Zeit zunutze machte. Auch die Medizin unserer Zeit kommt an diesen Erkenntnissen nicht mehr vorbei. Viele Homöopathen und Heilpraktiker wenden sie schon bei ihrer Arbeit an, und zunehmend berücksichtigt man sie auch in der sogenannten Schulmedizin, beispielsweise wenn es um Termine von Operationen geht.

Diese Erfahrungen möchte ich Ihnen nahebringen und die Möglichkeiten zeigen, die Ihnen die Mondkräfte in den Lebensbereichen Haushalt, Garten, Bauen und Heimwerken, Beruf, Liebe und

Partnerschaft sowie Freizeit und Erholung bieten, wenn Sie das Richtige zum richtigen Zeitpunkt tun. Vieles von dem, was Sie in diesem Buch zusammengefasst finden, habe ich bei der Arbeit an und mit den jährlichen Mondkalendern gefunden und erfahren, die ich nun schon seit mehr als zehn Jahren herausgebe. Diese Kalender, die erfreulicherweise einen sehr breiten Leser- und vor allem Anwenderkreis gefunden haben, sind gewissermaßen die aktuelle Ergänzung zu einem Buch wie diesem – das praktische Handwerkszeug, um Tag für Tag im Einklang mit dem Mond zu leben.

Es gibt aber noch einen anderen wichtigen Grund, warum ich mich entschlossen habe, Ihnen, liebe Leserin, lieber Leser, das aktuelle Mondwissen in dieser umfassenden Weise vorzustellen. Ich musste auch erfahren, dass dieses Wissen um die sanfte Kraft des Mondes verloren zu gehen droht. Es wurde in der jüngeren Vergangenheit durch einen – wie ich meine – blinden Glauben an die scheinbar unfehlbare Kraft des technischen Fortschritts verdrängt. Anfangs schien der Glaube berechtigt: die Arbeit wurde leichter, die Erträge stiegen. Um welchen Preis das erreicht wurde, beginnt man heute zu begreifen. Die geschundene Natur reagiert mit Verweigerung, die zerstörte Umwelt lässt uns um unser Weiterleben fürchten. Es ist daher höchste Zeit zum Umdenken, zum Handeln. Immer mehr Menschen begreifen das. Sie wissen auch, dass man dabei nicht auf die Errungenschaften der modernen Technik verzichten soll und kann, sondern dass man sie im Einklang mit den natürlichen Prozessen mit Maß und Verantwortung einsetzen kann – ja muss. Dazu ist die Kenntnis der biologischen Rhythmen, die auch und vor allem durch den Einfluss des Mondes bestimmt werden, unverzichtbar.

Verantwortung für unsere Umwelt tragen wir alle, und jeder von uns kann zu einer gesunden Umwelt beitragen – im Haushalt, bei der Arbeit, in der Freizeit. Auch dabei kann und soll das Wissen um die Wechselwirkungen zwischen Mond und Natur Helfer und Ratgeber sein.

Möge es Ihnen nützlich sein und Freude bereiten, das wünscht

Ihre Helga Föger

Der Mond – unser kosmischer Begleiter

- Was wir vom Mond wissen
- Wie der Mond wirkt
- Die Kraft des Mondes
- Offene Fragen, geschärfte Sinne
- *Special: Der Mond in den Mythen und Märchen der Völker*

Warum wirkt der Anblick des Mondes so wohlthätig (...)

(...) Bei seinem Anblick schwindet daher der Wille, mit seiner steten Noth, aus dem Bewusstseyn, und lässt es als ein rein erkennendes zurück. Vielleicht mischt sich auch noch ein Gefühl bei, dass wir diesen Anblick mit Millionen theilen, deren individuelle Verschiedenheit darin erlischt, so dass sie in diesem Anschauen Eines sind; welches ebenfalls den Eindruck der Erhabenheit erhöht. – In Folge dieses ganzen wohlthätigen Eindruckes auf unser Gemüth wird der Mond allmälig der Freund unseres Busens, was hingegen die Sonne nie wird, welcher, wie einem überschwänglichen Wohlthäter, wir gar nicht ins Gesicht zu sehen vermögen.

Arthur Schopenhauer (1788—1860)
In: Die Welt als Wille und Vorstellung, 1859

Was wir vom Mond wissen

Obwohl der Mond der erste fremde Himmelskörper ist, der von Menschen betreten wurde, gibt uns der Erdtrabant noch immer einige Rätsel auf. Bis heute wissen die Wissenschaftler nicht genau, wann und wie der Mond entstand und wie er von der Erde »eingefangen« wurde.

Eines ist aber ganz sicher: Ohne den stabilisierenden Einfluss des Mondes würde unsere heimatliche Erde auf einer taumelnden Bahn um die Sonne ziehen – Leben wäre hier unmöglich.

Der Mond hat aber nicht nur die Voraussetzungen für die Existenz alles Lebendigen auf unserem Planeten mit geschaffen; er trägt auch dazu bei, dass es wächst und gedeiht. Wie das allerdings geschieht – das ist wieder eines der Rätsel, die uns der Mond noch immer aufgibt …

Der Mond als Himmelskörper und Erdtrabant

Um zu verstehen, wie der Mond wirkt, sollten wir wenigstens ein paar astronomische Grundkenntnisse auffrischen. Wer mehr über das faszinierende Geschehen der Astronomie erfahren will, kann sich in entsprechender Literatur umfassender informieren.

Wie der Mond entstanden ist

Schon bei dem Versuch, diese Frage schlüssig zu beantworten, zeigt der Mond sein geheimnisvolles Wesen. Noch immer weiß man nicht genau, welchen Ursprung unser Erdbegleiter hat. Bis heute stehen drei Theorien, besser Hypothesen nebeneinander, von denen keine endgültig bestätigt oder widerlegt werden konnte.

Die eine geht davon aus, dass er vor etwa vier Milliarden Jahren durch ein gewaltsames Ereignis – etwa durch den Einschlag eines gewaltigen Meteoriten – aus der Erde herausgesprengt wurde und dann auf seine Umlaufbahn um unseren Planeten geriet.

Eine zweite Hypothese vermutet, dass der Mond einst ein durch das Weltall »vagabundierender« Himmelskörper war und während der Herausbildung unseres Sonnensystems von der Erde »eingefangen« wurde.

Schließlich vertreten Astronomen die Auffassung, dass sich Sonne und Mond während der Entstehung unserer Galaxis zusammen und etwa gleichzeitig aus dem Urnebel gebildet haben – der Mond also ein »Planet« unserer Erde ist.

Wie gesagt, eine schlüssige Antwort fällt immer noch schwer, doch scheint die Hypothese von der gemeinsamen Bildung mit den neuesten Forschungsergebnissen noch am besten übereinzustimmen.

Wichtige Monddaten

Mittlere Erdentfernung	384 405 km
Größte Erdentfernung (Apogäum)	406 700 km
Kleinste Erdentfernung (Perigäum)	356 400 km
Umlaufzeit, siderische (um die Erde)	27,3 Tage
Umlaufzeit, synodische (von Neumond zu Neumond)	29,5 Tage
Bahnneigung gegen die Ekliptik	5 ° 9'
Rotationszeit	27,32 Tage
Masse	1/81 der Erdmasse
Umfang	10 920 km (ca. 1/4 der Erde)
Massenanziehung an der Oberfläche	1/6 der Erdanziehung
Oberflächentemperatur, Tagseite	Ca. +130 °C
Oberflächentemperatur, Nachtseite	Ca. -160 °C

Mondbahn und Mondphasen

Die Differenz zwischen der siderischen Umlaufzeit von 27,3 Tagen, während der unser Mond einmal die Erde umkreist, und der synodischen Umlaufzeit von 29,5 Tagen, die der Erdtrabant benötigt, um den Phasenwechsel von Neumond zu Neumond zu vollziehen, rührt daher, dass sich die Erde selbst auf ihrer Umlaufbahn um die Sonne bewegt. Die Mondphasen aber, um die es in diesem Buch vor allem geht, werden durch die verschiedenen Positionen bedingt, in der sich Sonne, Mond und Erde zu bestimmten Zeitpunkten befinden.

So wie auch unsere Erde strahlt der Mond kein eigenes Licht ab, beide erhalten es von der Sonne. Beim Mond kommt eine Besonderheit dazu: Weil seine Eigendrehung (Rotation) etwa ebenso lange dauert wie seine Erdumlaufzeit, können wir von ihm immer nur eine – die gleiche – Seite sehen.

Die Illustration unten auf dieser Seite verdeutlicht, wie die einzelnen Mondphasen zustande kommen:

Wenn sich Sonne, Mond und Erde etwa auf einer Linie befinden, wobei der Mond zwischen Sonne und Erde steht, beleuchtet die Sonne die uns abgewandte, unsichtbare Seite des Mondes. Er bleibt für uns dunkel – es herrscht Neumond.

Auf seiner weiteren Umlaufbahn tritt der Mond allmählich aus der Linie heraus und wird zunehmend, vom rechten Rand her, be-

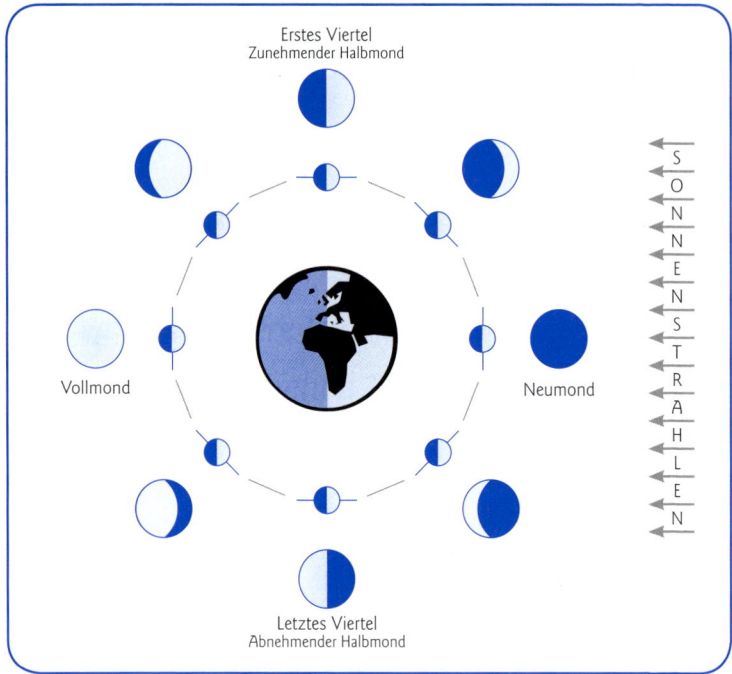

leuchtet. Wir sehen eine schmale, nach links geöffnete Sichel – es ist zunehmender Mond.

Nach einem Viertel seiner synodischen Umlaufzeit (also nach etwa 7,5 Tagen) beleuchtet die Sonne die rechte Hälfte der für uns sichtbaren Mondseite – dann steht der zunehmende Halbmond am Himmel.

Der Mond setzt nun (im zweiten Viertel) seinen Umlauf fort, wobei die beleuchtete Fläche immer größer wird, er nimmt weiter zu.

Nach der Hälfte der Mondumlaufzeit (nach etwa 15 Tagen) befinden sich Sonne, Erde und Mond wieder ungefähr auf einer Linie, nur steht jetzt die Erde zwischen Sonne und Mond. Die Sonne beleuchtet die ganze uns zugewandte Mondseite – leuchtend steht der Vollmond am Firmament.

Wieder wandert der Mond aus dieser Linie heraus, und die Sonne beleuchtet immer weniger der für uns sichtbaren Mondseite. Die Helligkeit nimmt vom rechten Rand her ab – es ist abnehmender Mond.

Wenn der Mond (nach etwa 22,5 Tagen) drei Viertel seiner Umlaufbahn zurückgelegt hat, ist nur noch die linke Hälfte der Mondscheibe beleuchtet – wir haben abnehmenden Halbmond.

Der Mond vollendet nun im letzten Viertel weiter abnehmend seine Bahn. Nach etwas mehr als 29 Tagen verschwindet die nach rechts geöffnete Sichel – es herrscht wieder Neumond. Und alles beginnt von vorn.

Mondfinsternisse

Unheil erwarteten unsere frühen Vorfahren, wenn sich die leuchtende Scheibe des Vollmondes plötzlich verfinsterte. Sie wussten noch nicht, dass dies ein erklärbares astronomisches Phänomen darstellt, das ebenfalls durch die Position von Sonne, Erde und Mond bedingt ist. Befinden sich nämlich die drei Himmelskörper genau auf einer Linie (und auch auf einer Ebene), dann wird die Beleuchtung des Mondes durch die Sonne vom Erdschatten, der auf den Mond fällt, teilweise oder sogar ganz überdeckt – sozusagen für eine gewisse Zeit (bis zu 1,7 Stunden) ausgeschaltet. Wie kommt es zu einer Mondfinsterniss, und warum ist dieses Ereignis relativ selten?

Wie wir aus der Tabelle auf Seite 11 ersehen können, ist die Mondbahn um etwas mehr als fünf Grad gegen die Ekliptik (das ist die Bahnebene, auf der die Erde um die Sonne läuft) geneigt. Dadurch – der Mond bewegt sich zumeist über oder unter dieser Ebene – tritt der Fall, dass sich unser Erdbegleiter genau im Schnittpunkt mit der Ekliptik befindet, nur zweimal im Monat ein. Aber auch dann befindet er sich ganz selten in seiner »Vollmondposition«, wie sie oben beschrieben worden ist. So gibt es in einem Jahrhundert nur etwa 150 Mondfinsternisse, davon ca. 80 totale. Wann sie eintreten, lässt sich genau berechnen. Die Finsternistermine der Jahre 2001 bis 2030 findet man unter www.weltraum-fun.de/celestials/finsternisse/lunar.html.

Übrigens: Tritt der Fall ein, dass sich der Neumond im Schnittpunkt mit der Ekliptik befindet, dann kann der Mondschatten die Sonne bedecken – so kommt es dann zu einer Sonnenfinsternis.

Aufsteigender und absteigender Mond ☽ ☾

Noch eine Besonderheit der Mondbahn soll hier erwähnt und kurz erklärt werden, weil sie bei der Beurteilung der Mondwirkungen von Bedeutung ist. Im vorangegangenen Abschnitt über die Mondfinsternisse wurde bereits erwähnt, dass der Mond zweimal je Umlauf die Ekliptik überquert. Er heißt aufsteigender Mond, wenn er die Erdbahn in Süd-Nord-Richtung überschreitet; der absteigende Mond schneidet die Ekliptik in Nord-Süd-Richtung. Die entsprechenden Schnittpunkte mit der Ekliptik nennt man demgemäß aufsteigende bzw. absteigende Mondknoten.

Aufsteigender und absteigender Mond sowie die Mondknoten spielen in der Mondpraxis, aber auch in der Astrologie eine wichtige Rolle.

Wie der Mond wirkt

Der Mond, eigentlich die Mondin, denn nur in unserer Sprache ist er männlich, hat zu allen Zeiten das Denken und die Phantasie der Menschen herausgefordert. Sein Abbild findet sich in den Felszeichnungen der steinzeitlichen Jäger ebenso wie auf den Papyri der Pyramidenerbauer des alten Ägypten. Generationen von Dichtern haben den nächtlichen Widerschein der Sonne besungen, und für die Liebenden auf allen Kontinenten war, ist und bleibt er der Ausdruck ihrer Sehnsüchte.

Doch der Mond bewegte und bewegt nicht nur die Gefühle. Lange bevor sich die Wissenschaft der Astronomie herausbildete, war er Gegenstand sehr praktischer Beschäftigung. So gleichmäßig, wie er seine Bahn am nächtlichen Himmel zieht, so regelmäßig, wie er dabei scheinbar seine Gestalt ändert, so ideal schien er dafür geeignet, den Ablauf der Zeit zu bestimmen, als Kalender zu dienen. So geschah es denn auch, und bis heute hat sich diese Praxis in manchen Kulturen erhalten.

Vom Mythos zur Praxis

Bald entdeckte man weitere Zusammenhänge zwischen dem lunaren Zyklus und dem Geschehen auf der Erde. Als die Menschen begannen, Felder zu bestellen und Tiere zu züchten, stellten sie fest, dass vieles in der Natur – das Wetter, das Pflanzenwachstum, die Fruchtbarkeit der Menschen und der Tiere, ja auch Gesundheit, Krankheit, Geburt und Tod – in rätselhafter Weise mit dem Kommen und Gehen des Mondes verbunden ist. Manches war einleuchtend und wurde mit zunehmender Erfahrung zur Regel, die praktischen Nutzen bot; anderes blieb unerklärlich und somit Mythos. In den frühen Jahren huldigte man durch die Verehrung von »la luna«, der Mondin, noch der Natur, der einzigen Existenzgrundlage der Menschen. In ihr und von ihr lebten sie, sie gab ihnen Nahrung, Kleidung und Wohnung. Ihren Lebensrhythmus bestimmte der Mond. Später, als gesellschaftliche Strukturen entstanden und die Menschen aus dem unmittelbaren Naturraum in Dörfer und Städte zogen, nahmen neue

Götter – von Menschen geschaffen – den Platz der Mondin ein. Doch das uralte Wissen um den Einfluss des Mondes auf alles, was in der Natur geschieht, blieb erhalten und wurde – immer mehr des Mystischen entkleidet – erweitert und überliefert.

Bereicherung durch die Astrologie

Erhebliche Bereicherung erfuhr das Wissen um den Mond durch die Astrologie, die als Vorläuferin und Wegbegleiterin der Astronomie gelten kann. Nun erkannte man, warum manche Wirkungen des Mondes scheinbar nicht im Einklang mit anderen standen, sich zum Teil sogar widersprachen. Man fand heraus, dass der Mond bei jedem knapp 28-tägigen Erdumlauf alle zwölf Sternbilder des Tierkreises durchwandert, wie das die Sonne im Verlauf eines Jahres tut. Jedes dieser Tierkreiszeichen, in dem der Mond auf seiner Umlaufbahn für zwei bis drei Tage verweilt, verleiht den Impulsen des Mondes einen bestimmten Charakter, gewissermaßen eine Färbung, die diese Impulse in recht genau definierter Weise moduliert. Es sind diese Impulse, die – viel schwächer als die Sonnenimpulse – in Wechselwirkung mit der Natur treten und sie beeinflussen.

Astronomie und Astrologie bereicherten das Wissen um den Mond und seine Wirkung auf die Erde erheblich.

Die Kraft des Mondes

Dass der Mond wirkt, dass er in Abhängigkeit von seiner Phase und seiner Stellung im Tierkreis Einfluss auf die gesamte Natur – und damit auch auf uns Menschen – nimmt, das ist kaum ernsthaft zu bestreiten. Dafür sprechen die jahrhundertealten Erfahrungen ebenso wie ganz praktische Ergebnisse, die jederzeit und von jedem nachprüfbar sind. Darüber wird in diesem Buch noch ausführlich zu berichten sein.

Wie aber der Mond wirkt, auf welchem Weg und mit welchen Mitteln er seine wechselnden Kräfte zu uns sendet, darüber streiten sich die Experten bis heute. Eine grundsätzliche Klärung ist noch nicht in Sicht.

Gewaltige Gezeitenkräfte

Kein Zweifel herrscht über die physikalisch eindeutig begründeten Einflüsse, die unser Erdbegleiter aufgrund der Gravitationskräfte innerhalb des Systems Sonne, Erde, Mond ausübt. Dazu gehören zweifellos die Gezeiten (der rhythmische Wechsel von Ebbe und Flut), die den Meeresspiegel in manchen Gebieten um mehrere Meter sinken bzw. steigen lassen. Sie werden im Wesentlichen durch die Anziehungskräfte des Mondes hervorgerufen. Ihre Höhe hängt von der Position des Mondes im Verhältnis zu Erde und Sonne ab – also von den Mondphasen (siehe Seite 12). Bei Neu- und Vollmond verstärkt die Sonne die Anziehungskräfte des Mondes, wenige Tage danach treten zur Flutzeit die höchsten Wasserstände und dementsprechend bei Ebbe auch die tiefsten Niedrigwasserstände auf. Man spricht von der Springzeit. Etwa 7,5 Tage später – wenn Halbmond ist – heben sich die Kräfte von Mond und Sonne teilweise auf; es kommt zu weit geringeren Hebungen und Senkungen der Wasserstände. Jetzt ist Nippzeit.

Doch der Mond setzt nicht nur riesige Wassermassen in Bewegung; seine Kräfte erzeugen auch Gezeiten in der Erdatmosphäre. Dabei wird der Luftdruck um bis zu 1,5 Millibar erhöht bzw. gesenkt. Sogar der feste Erdkörper erfährt durch die Gravitationswirkung eine

Deformation, die in Äquatornähe etwa einen halben Meter erreichen kann. Dieser Gezeiteneffekt wird allerdings meist durch Schollenverbiegungen innerhalb der Erdkruste kompensiert, die wiederum durch die gezeitenbedingte Verlagerung der Wassermassen, durch atmosphärische Druckschwankungen oder thermische Bodendeformationen verursacht sind.

Die Biologische Gezeitentheorie

Nun sind einige Wissenschaftler der Meinung, dass diese offensichtlichen Kräfte nicht nur im Großen, sondern auch im Kleinen wirksam sein könnten. Sie entwickelten einen hypothetischen Ansatz, aus dem heraus die so genannte Biologische Gezeitentheorie entstand, die vor allem mit den Arbeiten von Prof. Dr. Arnold L. Lieber von der Universität Miami, USA, verbunden ist. Die Theorie untersucht das Problem der Einflussnahme des Mondes auf die belebte irdische Natur von zwei Seiten. Zum einen wird der Versuch unternommen, die unmittelbare Schwerkraftanziehung des Mondes auf die lebendigen Mechanismen nachzuweisen. Zum anderen erforscht sie die mittelbaren Wirkungen des Mondes, die durch das elektromagnetische Feld der Erde aufgenommen und übertragen werden sollen.

Lieber und seine Mitarbeiter gehen davon aus, dass man jedes natürliche Lebewesen – also Pflanzen, Tiere und auch den Menschen – als einen Mikrokosmos begreifen kann, der im Wesentlichen und in vergleichbarer Proportion aus denselben Elementen besteht wie die Erdoberfläche. Diese Auffassung steht im Einklang mit uralten philosophischen und religiösen Betrachtungsweisen, für die sich der Kosmos im Menschen widerspiegelt. Dazu Prof. Lieber: »Wir stoßen auf provozierende wissenschaftliche Parallelen zu historischen Feststellungen. Wie die Oberfläche der Erde besteht auch der Mensch zu etwa 80 Prozent aus Wasser und zu 20 Prozent aus Feststoffen. Ich glaube, dass die Anziehungskraft des Mondes im Verein mit anderen großen Kräften des Universums genauso einen Einfluss auf das Wasser im menschlichen Körper ausübt, wie sie es auf die Ozeane tut. Das Leben, so glaube ich, kennt eine vom Mond beherrschte biologische Ebbe und Flut. Bei Neu- und Vollmond herrscht Flut – und ist die Mondwirkung auf unser Verhalten am größten. Die biologische Flut wirkt als Stressauslöser, die aggressives Verhalten (beim Menschen) zwar nicht verursacht, aber sehr viel wahrscheinlicher macht.«

Prof. Lieber, der als Psychologe und Psychiater arbeitet, sammelte zunächst Beweismaterial für diese These aus seinem unmittelbaren Fachgebiet. Dabei konnte er zweifelsfrei feststellen, dass vor allem bei Vollmond, aber auch bei Neumond, die Zahl aggressiver und durch starken Stresseinfluss verursachter Handlungen (Tötungsdelikte, Körperverletzungen, Selbstmorde, Unfälle, psychiatrische Notfälle) rapide anwächst und im Extremfall das Doppelte des üblichen Monatsdurchschnitts erreicht. Praktiker bestätigen dieses Ergebnis immer wieder. Polizisten, Ärzte und Anwälte wissen zu berichten, dass zu diesen »Mondzeiten« in den Polizeirevieren und Notfallambulanzen Alarmstimmung herrscht. Immer wieder gab es auch Vorschläge, das entsprechende Personal zu diesen Zeiten zu verstärken.

Die Untersuchungen von Prof. Lieber sowie weitere unabhängige Forschungen führten dann zu der Behauptung, dass alle fundamentalen Lebensfunktionen ein periodisches Muster aufweisen, das als biologischer Rhythmus bekannt ist. Das empirische Beweismaterial deutet auf einen monatlichen biologischen Rhythmus hin, der mit der Mondumlaufzeit – und damit mit den wechselnden Mondphasen – zusammenspielt. Diese Schlussfolgerung erscheint plausibel, ein Beweis ist sie (noch) nicht. Darauf weisen auch die Kritiker der Biologischen Gezeitentheorie hin, die vor allem einwenden, dass es bisher keinen physiologischen – also naturwissenschaftlich exakten – Nachweis für das Auftreten von Gezeitenwirkungen in lebenden Organismen gibt.

Geheimnisvolle Signale

Man weiß seit Langem, dass Leben ein rhythmischer Prozess ist. Einige dieser Naturrhythmen sind gut bekannt – sie stehen ganz offensichtlich im Zusammenhang mit dem Tag-Nacht-Rhythmus, der von der Sonne gesteuert wird. Sie bilden zusammen die so genannte innere Uhr der Lebewesen, gewissermaßen einen Taktgeber, der den Ablauf vieler Lebensvorgänge regelt. Aber – so die These einiger Forscher, die sich mit der Biologischen Gezeitentheorie auseinander setzen – auch die vom Mond ausgehenden Kräfte (z. B. der rhythmische Wechsel von Ebbe und Flut) steuern das Verhalten von Tieren und Pflanzen, wirken als Taktgeber der inneren Uhr, die jede Zelle eines jeden Lebewesens enthält. Dazu muss der Mond Signale aussenden, die von den lebenden Zellen empfangen und verarbeitet werden können. Gibt es diese Gezeitensignale, und welcher Art sind sie?

Rätselhafte Austern

Es war der amerikanische Naturwissenschaftler Dr. Frank Brown, der vor einigen Jahren ein erstaunliches und überzeugendes Experiment durchführte, welches die Existenz solcher Gezeitensignale nachweisen sollte.

Dr. Brown – maßgeblich an der Ausarbeitung der so genannten extrinsischen (von außen bewirkten, durch kosmische Zyklen angeregten) Zeittakttheorie der biologischen Rhythmen beteiligt – ließ eines Tages einige Austern vom Meeresufer im US-Staat Connecticut mit dem Flugzeug in sein viele Hunderte Kilometer vom Meer entferntes Labor in Evanston (Illinois) bringen. Dort wurden die Tiere in Meerwasserbehältern so untergebracht, dass eigentlich kein von außen kommendes Signal zu ihnen gelangen konnte. Die Versuchsbedingungen wurden peinlich genau überwacht.

Es ist allgemein bekannt, dass die Austern ihre Schale bei Flut öffnen. So auch die Labortiere des Dr. Brown. Doch es geschah etwas Merkwürdiges: Während der ersten Zeit öffneten die Austern ihre Schale jeweils dann, wenn in ihrem Herkunftsgebiet, in Connecticut, Flut herrschte. Sie setzten also ihren gewohnten Rhythmus fort. Doch schon nach wenigen Wochen, änderte sich ihr Zeitverhalten. Jetzt öffneten sie ihre Schale, wenn der Mond in ihrer neuen Heimat Illinois im Zenit stand. Hätte Evanston am Meer gelegen, so hätte jetzt dort Flut geherrscht. Diese Verhaltensänderung ließ für Dr. Brown nur einen Schluss zu: Die Austern mussten die Signale, die ihren Zeittakt dermaßen beeinflussten, unmittelbar durch die Gravitationskraft des Mondes erhalten haben!

Doch wie konnten die Austern die Anziehungskraft des Mondes überhaupt spüren, wo sie doch eigentlich völlig von der Außenwelt abgeschottet waren? Hier lautet nun die Annahme Dr. Browns, dass die Schwerkraft des Mondes die elektromagnetischen Felder verändert, die jeden lebenden Organismus umgeben. Die Austern spürten die Veränderung und passten sich ihr an, ein Teil ihres Nervensystems erhielt also Feldveränderungssignale.

So weit, so gut – doch wenn es sie wirklich gibt, dann sind diese Signale so schwach oder so »exotisch«, dass man sie bisher auch mit den feinsten Messinstrumenten nicht erfassen konnte. Ein direkter Nachweis fehlt also, aber das muss nicht so bleiben. Man arbeitet gegenwärtig an hochempfindlichen Messmethoden, die möglicherweise schon bald Dr. Browns Hypothese bestätigen oder widerlegen könnten. Aber auch wenn diese Messungen negative Ergebnisse zeitigen sollten, gibt es immer noch die Austern und ihr merkwürdiges Verhalten. Es bleibt spannend! Und: Wie auch immer sie die Kräfte wahrnehmen – viele andere Meerestiere werden ebenfalls von den Rhythmen des Mondes berührt. Exakte Mondrhythmen sind beispielsweise in den Reproduktionszyklen von Fischen nachgewiesen worden. Der kalifornische Ährenfisch (Leuresthes tenuis) bringt nur in Nächten unmittelbar nach Voll- und Neumond Nachkommenschaft hervor. Die europäischen Aale treten ihre Wanderschaft zu den Laichgründen nahezu alle gleichzeitig an, immer bei abnehmendem Mond. Die Frage ist also erlaubt, ob nicht auch andere Lebewesen – Pflanzen, höhere Tiere und wir Menschen – solche Signale empfangen. Erfahrung und Praxis sprechen dafür.

Offene Fragen, geschärfte Sinne

Welcher Art die Impulse sind, die vom Mond auf das irdische Leben wirken, wissen wir (noch) nicht. Das aber kann sich ändern, wie die Entwicklung der Wissenschaft gezeigt hat. Sie dringt in immer feinere und komplexere Strukturen ein, und es ist sehr wahrscheinlich, dass auch das Rätsel der lunaren Impulse in nicht mehr allzu ferner Zukunft gelöst werden wird.

Wirkende Kraft oder Uhrzeiger?

Es muss also vorläufig noch eine offene Frage bleiben, ob es stoffliche bzw. energetische Impulse sind, die vom Mond ausgehen und über die terrestrischen Elemente Erde, Wasser, Luft und Feuer auf die Natur, auf alles Lebende wirken, oder ob der Mond nur als Zeiger einer Uhr angesehen werden kann, die durch einen verborgenen inneren Rhythmus der Natur in Gang gehalten wird.

Einige Wirkungen, wie die auf die Gezeiten und auf den weiblichen Zyklus, scheinen offensichtlich recht materieller Natur zu sein und lassen sich mit relativ einfachen biologischen bzw. physikalischen Gesetzmäßigkeiten erklären. Andere, wie z.B. die Einflüsse auf das Wachstum der Pflanzen oder auf den menschlichen Organismus, sind mit dem klassischen Instrumentarium der Naturwissenschaften nicht zu fassen. Bisher gibt es für solche Beobachtungen nur astrologische Erklärungen, die für viele Forschende nicht zufriedenstellend sind.

Neue Erkenntnisse der Chronobiologie

Jüngste Ergebnisse der Chronobiologie – einer modernen und höchst spannenden Forschungsrichtung, die sich mit zeitlichen Abläufen und Rhythmen bei Menschen, Tieren und Pflanzen beschäftigt – scheinen allerdings jene oben angedeutete Hypothese zu unterstützen, wonach die zwölf Zeichen des Tierkreises gewissermaßen das Zifferblatt einer Uhr darstellen, die der Mond als Zeiger durchmisst.

Immer mehr Experimente und langfristige Beobachtungen bestätigen mit einiger Sicherheit: Allem Natürlichen wohnen bestimmte Rhythmen inne, die miteinander in Wechselwirkung stehen und die – kaum wahrnehmbar, jedoch außerordentlich wirksam – viele, wenn nicht alle Entwicklungs- und damit Lebensvorgänge beeinflussen.

Wenn das so ist, scheint es offensichtlich, dass alles, was in Übereinstimmung mit diesen Rhythmen geschieht, der Entwicklung, dem Leben und Wachsen förderlich ist und alles, was diese Rhythmen stört, der Entwicklung schadet, sie hemmt oder gar unterbindet.

Im kritischen Dialog

Wie auch immer, ob wirkende Kraft, empfindlicher Anzeiger oder beides – die Phasen und der Stand des Mondes in den Zeichen des Tierkreises sind von großer Bedeutung für alles Leben auf dieser Erde. Auch wenn diese Feststellung nach dem strengen Maßstab der Naturwissenschaften nicht als gesichertes Wissen gelten darf, so beruht sie doch auf der Erfahrung, die in der Jahrtausende währenden Menschheitsgeschichte entstanden und gewachsen ist. Diese Erfahrungen sollen weitergegeben werden, aber auch ausdrücklich zur kritischen Diskussion stehen. Sie, liebe Leserin, lieber Leser, sind aufgefordert, aus dem Gelesenen und Erprobten Ihre eigenen Erfahrungen zu gewinnen. Betrachten Sie die folgenden Regeln und Ratschläge nicht als Dogmen, als strenge Richtschnur für Ihr Denken und Handeln. Nehmen Sie sie als Anregung, schärfen Sie Ihr Gefühl und Ihren Verstand für ein selbstbestimmtes Leben im Einklang mit der Natur.

Special: Der Mond in den Mythen und Märchen der Völker

Angesichts der Größe und der Helligkeit der Sonne erscheint es dem modernen Menschen recht merkwürdig, dass in früheren Kulturen der eher bescheiden wirkende Mond mehr Aufmerksamkeit erhielt als das strahlende Tagesgestirn. Es muss die große Wandlungsfähigkeit des nächtlichen Erdbegleiters, seine regelmäßig wechselnde Gestalt sein, die ihn immer wider in den Mittelpunkt kultischer sowie religiöser Anschauungen und Rituale stellte. Und wohl auch seine Kraft, die er auf Mensch und Natur ausübt und die damals den Menschen bewusster war als heute.

Am Anfang war der Mondkalender

Als man vor einigen Jahren Gerätschaften aus Elfenbein fand, die etwa 40 000 Jahre vor unserer Zeitrechnung entstanden waren, fand man darunter auch einen in den Knochen geritzten Mondkalender. Man kann davon ausgehen, dass die Mondzyklen über Jahrtausende hinweg die Grundlage der Zeitrechnung der allermeisten Zivilisationen bildeten. Auch die überwiegende Mehrzahl megalithischer Kultstätten – wie etwa das berühmte Stonehenge – sind nach den Umlaufbahnen des Mondes angelegt. Noch heute gilt der Mondkalender in einigen arabischen und asiatischen Kulturen.

Mondgötter und – göttinnen

Im Zusammenhang mit der Zeitrechnung nach dem Mond steht auch der Mondgott Thot aus dem alten Ägypten, welcher uns auf erhaltenen Reliefs in Gestalt eines Hundes begegnet, der den aufgehenden Mond auf seinem Kopf trägt. Thot – das Pendant zum Sonnegott Re – war nicht nur für das Kalenderwesen im Nilland zuständig; er war auch der Gott für die Wissenschaft und die schönen Künste, die durch seine Priester verbreitet wurden. Die alten Griechen haben diesen Mondgott gewissermaßen von den Ägyptern übernommen und ihn als Hermes verehrt. Dieser wiederum inspirierte die hermetische Tradition, eine Form des Okkultismus, die ihren Niederschlag in der Alchimie und Astrologie fand und bis ins Mittelalter reichte.

Weil der Mondzyklus im engen Zusammenhang mit dem weiblichen Menstruationszyklus steht, wurde der Erdtrabant in vielen frühen Kulturen mit der Fruchtbarkeit und damit mit der Weiblichkeit in Verbindung gebracht. Der Mond wurde zur Mondin, seine Götter zu Göttinnen.

Das Mondfest der Heng-Ngo

Noch heute feiern die Chinesinnen am ersten Vollmond nach dem Herbstanfang ein großes Mondfest, das der Mondgöttin Heng-gno (oder Chang-Ngo) gewidmet ist. Die Frauen und Mädchen – Männer dürfen an dem Fest nicht teilnehmen – backen Hasenfiguren, die dem aufgehenden Mond geopfert werden. Das Fest hat seinen Ursprung in der chinesischen Mythologie, nach der Heng-gno die Gattin des Kriegers Yi war, dem es gelang, mit seinem Bogen neun der zehn Sonnen vom Himmel zu schießen, um eine große Dürre von der Erde abzuwenden. Dafür erhielt der wackere Yi ein Elixier, das ihn unsterblich werden ließ. Als Yi eines Tages bemerkte, dass seine Gemahlin von dem Elixier getrunken hatte, wurde er sehr zornig und verbannte sie auf den Mond. Dort fand sie beim Mondhasen Asyl und lebt seitdem für alle Zeiten auf dem Erdbegleiter. Bei Vollmond kann man sie von der Erde aus sehen. Unser »Mann im Mond« ist also eine Frau.

Im Reich der Toten

In der Mythologie der indischen Brahmanen gilt der Mond als Zufluchtsort für die Seelen der Verstorbenen, die dort ihre Ruhe finden. Der Gegensatz zwischen Leben und Tod inspirierte gewiss auch die Vorstellung von einem Mond als dreifache Göttin, die in vielfältiger Form in der Geschichte einiger Kulturen erscheint. Im alten Griechenland war es die Göttin Artemis, die als Göttin der Jagd verehrt wurde, aber auch als Mondgöttin Selene sowie als Hekate, die Göttin der Unterwelt, in Erscheinung trat. Wenn nachts die Hunde den Mond anheulen, dann wandert Hekate durch das Totenreich und verzaubert die Lebenden – so der Glaube.

Die Mondphasen als Sinnbilder

Die dreifache Göttin der alten Griechen symbolisierte aber auch die wechselnden Phasen des Mondes. Während Artemis mit ihrem Jagdgerät, einem

silbernen Bogen, die Phasen des zunehmenden und abnehmenden Mondes verkörperte, war Selene, die in einem silbernen Wagen über den Himmel zog, der Vollmond. Hekate,
die Herrscherin der Finsternis, war zugleich die Herrin des Neumondes.

Eine Analogie zu den Mondphasen findet man auch in der Kultur
geschichte der Maori – der aus Polynesien stammenden Ureinwohner

Neuseelands. Ihre Mythologie berichtet davon, dass der Mond vor langer Zeit die Gattin des Gottes Rona entführte. Seitdem versucht Rona in regelmäßigen Abständen, seine Gemahlin dem Mond wieder zu entreißen. So sind beide – Rona und der Mond – zu einem ewig während Kampf verdammt, den man am Himmel auch beobachten kann. Nimmt der Mond ab, dann schwindet seine Kampfkraft, nimmt er zu, so gewinnt er wieder die Oberhand. Und jedes Mal bei Vollmond entbrennt der erbitterte Kampf aufs Neue.

Die Mutter der Natur

Schon sehr früh wurde der Mond – meist in seiner weiblichen Anschauung – in Verbindung mit dem Werden und Wachsen in der Natur gebracht. Die Menschen waren fasziniert von der spürbaren Übereinstimmung der Mondrhythmen mit den Naturvorgängen. So nimmt es nicht Wunder, dass die Bewohner des alten Mesopotamien fest daran glaubten, dass der Mond jene Wärme erzeugen würde, die das Wachstum der Feldpflanzen befördert. Sie verehrten die Mondin als mütterliche Göttin der Fruchtbarkeit und entwickelten Anbaumethoden, die sich am Mondzyklus orientierten.

Ähnlich war es in weiten Teilen des südamerikanischen Subkontinents, wo die frühen Kulturvölker die Mondin als die Mutter der Pflanzen in Ehren hielten. Bei Neumond brachte man ihr Opfer dar, um sie zu bewegen, ihr segensreiches Licht wieder erstrahlen zu lassen.

Alte Mythen im neuen Gewand

Als mit der Christianisierung die heidnischen Götter gestürzt wurden, wollte man dennoch nicht ganz auf die alten Mondmythen verzichten. An Stelle des heidnischen Frühlingsfestes, das alljährlich am ersten Vollmond nach der Tagundnachtgleiche am Frühlingsanfang gefeiert wird, begehen die Christen heute am Sonntag nach dem ersten Frühlingsvollmond das Osterfest und feiern die Auferstehung des Gottessohnes. Und das einstige Fest der Mondgöttin Selene am 15. August wird nun als Fest der Himmelfahrt Mariens begangen. Übrigens: Wer genau hinschaut, kann auf vielen Marienbildern und -figuren des Mittelalters eine Darstellung der Mondsichel entdecken. Vielleicht ein Hinweis auf die heidnischen Vorgängerinnen der christlichen Königin des Himmels?

Im Rhythmus des wechselnden Mondes

- Der Einfluss der Mondphasen
- *Special: Aufsteigender und absteigender Mond*
- Der Mond in den Tierkreiszeichen
- *Special: Weitere Charakteristika der Tierkreiszeichen*

Sprich aus der Ferne

»Wenn des Mondes still lindernde Tränen
Lösen der Nächte verborgenes Weh;
Dann wehet Friede. In goldenen Kähnen
Schiffen die Geister im himmlischen See.«

Clemens Brentano (1778–1842)

Der Einfluss
der Mondphasen

Seit jeher sind die Menschen von dem immer wiederkehrenden Gestaltwandel unseres Erdbegleiters fasziniert. Zugleich fühlen viele von ihnen, dass sich mit dem Wechsel der Mondphasen auch die Kräfte verändern, die – unsichtbar und doch spürbar – den Mond und das Leben auf der Erde verbinden.

Woher kommen diese Kräfte, und wie kann man sie erkennen? Welchen Regeln, welchem Rhythmus sind sie unterworfen? Das sind Fragen, die – seit Jahrtausenden gestellt – auch uns bewegen. Auf manche davon hat man inzwischen Antworten gefunden, andere bleiben bis heute ungeklärt.

Sieben Grundimpulse

Nimmt man alles in allem, dann sind es sieben Grundimpulse, über die sich die Wirkung des Mondes auf das irdische Leben mitteilt: die vier verschiedenen Mondphasen, der aufsteigende und der absteigende Mond sowie der Stand des Mondes in den Tierkreiszeichen. Daran orientiert sich dieses Buch, wobei nach Möglichkeit auch die verschiedenen Kombinationseffekte berücksichtigt werden. Letzteres ist zuweilen aber recht kompliziert, wenn man etwa bedenkt, dass beispielsweise der zunehmende Mond in den ersten Tagen noch unter dem Einfluss des Neumondes steht, während zum Ende dieser Phase hin der bevorstehende Vollmond schon deutlich seine Wirkung ankündigt. In dieser Zeit von etwa 13 Tagen durchwandert er aber auch mindestens sechs Tierkreiszeichen, die ihm jeweils wieder eine entsprechend andere Qualität verleihen.

Aber Sie müssen nicht befürchten, dass alles zu kompliziert wird; es gibt vielfach bewährte Konstellationen für die wichtigsten Naturvorgänge und Lebenssituationen, die im Kapitel »Mit dem Mond leben« (ab Seite 50) übersichtlich zusammengestellt sind und die eine sichere Orientierung bieten.

Der Neumond ●

Wenn die der Erde zugewandte Seite des Mondes fast völlig verdunkelt ist, sprechen wir vom Neumond. Der Erdbegleiter steht dann für zwei bis drei Tage ziemlich genau zwischen Erde und Sonne. Man nennt diese Konstellation auch Konjunktion. Dabei tritt der Fall ein, dass der Mond während dieser Phase in demselben Tierkreiszeichen steht wie die Sonne. Bei Neumond wirken kräftige Impulse auf Mensch und Natur. Man kann sie als Kräfte der Neuorientierung, des Beginnens bezeichnen. Die konzentrierten Energien sind frisch und ursprünglich, regen dazu an, Vorhaben zu planen, die in der Folge wachsen und reifen sollen.

- **In der Natur** kündigen die Impulse des Neumonds Beginnendes an. Die Erde fängt an auszuatmen, die Säfte regen sich. Wer jetzt kranke Bäume oder Pflanzen zurückschneidet, kann erleben, wie sie sich zusehends erholen und regenerieren.
- **Für den menschlichen und tierischen Organismus** verstärken die Neumondimpulse die Fähigkeit zur Entgiftung und Entschlackung. Zu keiner anderen Zeit ist die Wirksamkeit einer Fastenperiode so hoch. Günstig ist die Neumondpase auch, um damit zu beginnen, ungesunde Gewohnheiten aufzugeben, wie etwa das Rauchen oder übermäßigen Alkoholkonsum.
Auf chirurgische Eingriffe sollte man nach Möglichkeit während der kurzen Phase des Neumondes verzichten.

Bald nach Neumond erscheint die schmale, nach links geöffnete Sichel des zunehmenden Mondes.

Der zunehmende Mond ☽

Sobald nach dem Neumond die schmale, nach links geöffnete Mondsichel zu erkennen ist, beginnt die Phase des zunehmenden Mondes. Von den Astronomen wird sie in zwei Abschnitte eingeteilt – in das erste und zweite Viertel. Während des ersten Viertels nähert sich der Mond der Erde, bis er ihr nach wenig mehr als sieben Tagen als Halbmond am nächsten ist. Dann kreuzt er die Umlaufbahn der Erde um die Sonne und entfernt sich wieder von uns, um, immer weiter an Leuchtkraft zunehmend, nach etwa 14 Tagen das zweite Viertel zu vollenden und schließlich das Vollmondstadium zu erreichen.

In der Phase des zunehmenden Mondes steht alles im Zeichen der Aufnahme und des Wachsens. Die positiven Einflüsse überwiegen jetzt, die Energien werden aufgenommen und gespeichert. In dieser Zeit häufen sich die Geburtenzahlen; sie erreichen bei Vollmond ihren absoluten Höhepunkt.

- **In der Natur** dominiert das oberirdische Wachstum, die Säfte steigen nach oben. Jetzt ist die günstigste Zeit für die Aussaat und das Pflanzen von allem, was nach oben wächst und Früchte trägt, also für Blattgemüse, Obst und Blumen. In der Phase des zunehmenden Mondes gesäter Rasen wächst besonders schnell und kräftig; nach dem Mähen wächst er rasch nach.
- **Der Organismus** kann in der Zeit des zunehmenden Mondes alles, was ihm an Kräftigendem, Aufbauendem, Heilendem zugeführt wird, besonders gut aufnehmen, speichern und verwerten. Seine Selbstheilungskraft ist ebenfalls sehr groß. Diese Phase ist also gut geeignet, um sich zu kräftigen und zu erholen.
Gespeichert werden allerdings auch die Nährstoffe, deshalb sollte jeder, der auf sein Gewicht achten muss, in dieser Zeit etwas zurückhaltender mit dem Essen sein.
Bedenken sollte man auch, dass mit fortschreitender Zunahme des Mondes sich der Heilungsprozess von Verletzungen verzögert; deshalb ist es angebracht, auf chirurgische Eingriffe zu verzichten, wenn das möglich ist – vor allem in der Nähe des Vollmondes.

Der Vollmond ○

Wenn der Mond die Hälfte seines Erdumlaufes zurückgelegt hat, steht er der Sonne direkt gegenüber, in Opposition zu ihr. Seine sichtbare Oberfläche ist voll beleuchtet, er steht für ein bis zwei Tage als kreisrunde, leuchtende Scheibe am nächtlichen Himmel.

Zu keiner anderen Zeit sind die Impulse des Mondes so deutlich zu spüren wie in der Vollmondphase. Jetzt kündigt sich ein Richtungswechsel von Aufnahme zu Abgabe an. Es ist die Zeit starker Gefühle, positiver wie negativer. In den wenigen Stunden des Vollmondes werden nicht nur besonders hohe Geburtenzahlen, sondern auch überdurchschnittlich viele Unfälle und Gewaltverbrechen registriert.

- **In der Natur** bewirken die kräftigen Impulse des Vollmondes, die den Richtungswechsel von Aufnahme zu Abgabe ankündigen, eine ganz besondere Stimmung. Einerseits erreicht die Natur jetzt den absoluten Höhepunkt ihrer Aufnahmefähigkeit, weshalb der Zeitpunkt für eine Pflanzendüngung geradezu ideal ist. Andererseits kann dass Gehölze absterben, wenn auch nur wenige Zweige abgebrochen oder weggeschnitten werden.

  Für das Sammeln von Heilkräutern ist jetzt die günstigste Zeit, ihre Heilkraft ist besonders groß. Vor allem heilende Wurzeln soll man in den Vollmondnächten ausgraben, da Tageslicht ihre Wirkung erheblich mindert.

- **Der Organismus** reagiert auf die starken Energien des Vollmondes häufig mit Unruhe und Nervosität. Sensible Menschen haben Schlafstörungen, sogenannte Mondsüchtige erheben sich aus dem Bett und schlafwandeln, andere berichten von besonders eindrucksvollen Träumen und Visionen während dieser Phase. Es bietet vielen also eine gute Gelegenheit, um seelische Konflikte zu erkennen und den Weg zum eigenen Ich, zum Unterbewussten zu finden.

  Weil Wunden stärker und länger bluten als zu anderen Zeiten, Verletzungen langsamer und schlechter heilen, ist es ratsam, bei Vollmond auf chirurgische Eingriffe zu verzichten, falls dies irgendwie möglich ist. Außerdem muss bedacht werden, dass die Anfälligkeit für Gicht, Migräne und Rheuma steigt.

Der abnehmende Mond ◑

Der Mond setzt seinen Erdumlauf fort und vollendet ihn. Er nähert sich jetzt wieder der Erde, wobei die Größe der von der Sonne beleuchteten Oberfläche von rechts nach links fortschreitend geringer wird. Wenn er etwa 22 Tage nach Neumond die Sonnenumlaufbahn der Erde erneut kreuzt, ist er nur mehr halb zu sehen. Nun beginnt das letzte Viertel, die nach rechts geöffnete Sichel wird von Tag zu Tag schmaler, bis die Neumondphase erreicht ist. Alles beginnt von neuem.

Die Impulse des abnehmenden Mondes sind auf Abgabe gerichtet – auf das Freisetzen von Kräften und Energien. Dieser balsamische oder aussäende Mond, wie ihn die Astrologen interessanterweise nennen, befreit von Zweifeln sowie Ängsten und bündelt die positiven Gefühle für den nun bald beginnenden neuen Zyklus.

- **In der Natur** fließen die Säfte abwärts, die Energien gehen zu den Wurzeln. Die Erde ist aufnahmebereit, das Wachstum unter der Oberfläche ist begünstigt. Jetzt ist es Zeit, das zu pflanzen oder zu säen, was vorwiegend in die Erde hineinwächst, z. B. Wurzelgemüse und -kräuter. Nährstoffe und Feuchtigkeit werden vom Boden während dieser Phase besonders gut aufgenommen, deshalb sind Düngung und Bewässerung der Pflanzen jetzt besonders wirkungsvoll und noch dazu weniger umweltbelastend.

- **Der Organismus** ist während dieser Zeit in seiner durchaus besten Form. Körperliche wie auch geistige Höchstleistungen gelingen viel müheloser als während der anderen Mondphasen. Ausspülen und Ausschwitzen ist die Devise bei abnehmendem Mond, deshalb wird auch alles, was mit Entgiftung und Entschlackung zu tun hat, besonders erfolgreich sein.
Operationen gelingen zu dieser Zeit besser, Wunden heilen schneller.

Special: Aufsteigender und absteigender Mond

Es gibt noch zwei weitere Mondqualitäten, die speziell für die Pflanzenwelt von Bedeutung sind, aber ebenso Beachtung finden können, um einen nicht ganz idealen Zeitpunkt für eine Gesundheitsmaßnahme zu optimieren oder bei Haushaltsaktivitäten bessere Ergebnisse zu erreichen.

Diese Mondqualitäten, die allerdings nichts mit den bereits beschriebenen Mondphasen zu tun haben, ergeben sich aus dem siderischen (auf die Sterne bezogenen) Umlauf des Mondes, wobei der Erdtrabant die zwölf bekannten Tierkreiszeichen durchläuft.

Aufsteigend ⌣ durchquert der Mond dabei alle Tierkreiszeichen zwischen der Winter- und der Sommersonnenwende, also von Schütze über Steinbock, Wassermann, Fische, Widder bis Stier bzw. Zwillinge, wo er seinen Wendepunkt erreicht.

Der Zeitraum des aufsteigenden Mondes kann als Phase des Ausatmens der Erde betrachtet werden. Wachstum, Reifung und Ernte (Erntemond) sind bestimmend. Die Entwicklung über der Erdoberfläche ist der bei zunehmendem Mond ähnlich.

Absteigend ⌢ durchwandert der Mond alle Tierkreiszeichen der Monate Juni bis Dezember, also Zwillinge, Krebs, Löwe, Jungfrau, Waage sowie schließlich Skorpion bzw. Schütze (Wendepunkt).

Der Zeitraum des absteigenden Mondes kann als Phase des Einatmens der Erde gesehen werden. Vor allem Pflanzarbeiten (Pflanzmond) sind nun begünstigt. Die Entwicklung unter der Erdoberfläche ist der bei abnehmendem Mond ähnlich. Über der Erdoberfläche herrscht jetzt eine gewisse Ruhe, weshalb auch die Vermehrung durch Stecklinge und das Schneiden von Gehölzen günstig ist.

Der Mond in den Tierkreiszeichen

Die Impulse des Mondes auf alles irdische Leben wirken einerseits über direkte Energieeinflüsse, die durch die verschiedenen Mondphasen ausgeübt werden, und andererseits durch eher indirekte astrologische Einflüsse, die von den Tierkreiszeichen ausgehen, die der Mond auf seinem Erdumlauf gerade durchwandert.

Die vier Trigonen

Die zwölf Tierkreiszeichen werden in vier Gruppen eingeteilt; jede Gruppe ist einem Urelement zugeordnet, über welches die Sternzeichen astrologisch wirken.

- Dem **Element Feuer** werden die Tierkreiszeichen Widder 🐏, Löwe 🦁, Schütze 🏹 zugerechnet.

- Zum **Element Erde** gehören die Tierkreiszeichen Stier 🐂, Jungfrau 🌾, Steinbock 🐐.

- Das **Element Luft** bestimmt die Tierkreiszeichen Zwillinge 👫, Waage ⚖, Wassermann 🏺.

- Dem **Element Wasser** werden die Tierkreiszeichen Krebs 🦀, Skorpion 🦂, Fische 🐟 zugeordnet.

Durch die beschriebene Zuordnung der Tierkreiszeichen zu den Urelementen entstehen vier Trigonen (Elementegruppen), die bestimmte Grundmuster in verschiedenen Bereichen des Lebens und der Natur angeben. In diesem Sinn wirkt auch der Mond, wenn er durch das entsprechende Zeichen wandert. Wie sich diese Wirkung in den verschiedenen Lebensbereichen äußert und wie man sie nutzen kann, davon wird im Kapitel »Die Mondpraxis« (ab Seite 138) noch ausführlich die Rede sein.

Die Feuertrigone (Widder 🦁, Löwe 🦁, Schütze 🏹)

Auf die Feuertrigone bezieht man die Eigenschaften »warm« und »trocken«. Sie entsprechen einem leicht aufbrausenden Temperament. Die entsprechenden körperlichen Reaktionen sind spontan, schnell und markant, die Erkenntnisfähigkeit ist sehr hoch. Charakterlich auffallend sind Energiegeladenheit, Mut und Pioniergeist. Die aktive Handlungsfähigkeit ist sehr ausgeprägt. Aber auch Ungeduld, Übereifer, und mangelnde Vorsichtigkeit kommen zum Tragen.

Die Erdtrigone (Stier 🐂, Jungfrau 👰, Steinbock 🐐)

Die Erdtrigone steht für »trocken« und »kalt«. Dem entspricht ein eher melancholisches, beständiges Temperament. Damit verbunden sind langsame, aber starke und nachhaltige körperliche Reaktionen. Dazu kommen solche Charaktereigenschaften wie Umsichtigkeit, Treue und Beharrlichkeit. Negativ können übertriebene Ängstlichkeit und eine gewisse Starrköpfigkeit wirken.

Die Lufttrigone (Zwillinge 👬, Waage ⚖️, Wassermann 🏺)

Der Lufttrigone ordnet man die Attribute »warm« und »feucht« zu. Diese Eigenschaften weisen auf ein sanguinisches, also ein lebhaftes, leichtes Temperament hin. Typisch dafür sind rasche, spontane Körperreaktionen und eine gute Auffassungsgabe. Als charakterliche Merkmale gelten hier Lebhaftigkeit, Empfänglichkeit sowie rasche Begeisterungsfähigkeit. Dazu können aber auch nervöse Unruhe, Reizbarkeit und eine gewisse Unbeständigkeit gehören.

Die Wassertrigone (Krebs 🦀, Skorpion 🦂, Fische 🐟)

Mit der Wassertrigone werden die Eigenschaften »feucht« und »kühl« verbunden. Sie entsprechen dem phlegmatischen Temperament. Dies äußert sich in relativ langsamen und verhältnismäßig schwachen körperlichen Reaktionen. Als besondere Charaktereigenschaften gelten starkes Einfühlungsvermögen, eine lebhafte Phantasie, Toleranz sowie der Hang zur Schwärmerei und Träumerei. Auf der anderen Seite findet man aber auch übergroße Empfindlichkeit, überschießende Gefühle und Lebensangst.

Die Wirkung der Tierkreiszeichen auf die Stimmung

Da jeder Mensch alle diese Temperamente und Eigenschaften mehr oder weniger in sich trägt, werden gerade die Aspekte betont und aktiviert, die dem Urelement entsprechen, dessen zugeordnete Sternzeichen der Mond gerade durchläuft. Dementsprechend können wir unser Verhalten beeinflussen und uns auf andere besser einstellen. Jemand, bei dem beispielsweise das melancholische Temperament überwiegt, wird an Erdtagen noch zurückhaltender sein, dagegen aber an Feuertagen leichter aus sich herausgehen können. Andererseits dürfte es falsch sein, einen Choleriker an Feuertagen noch zusätzlich zu reizen.

Neben den über die Urelemente wirkenden Impulsen gehen von jedem Tierkreiszeichen noch andere Einflüsse aus, die letztlich unseren Alltag mitbestimmen können. Dieser Einfluss ist aber häufig nicht direkt sichtbar, und es mag durchaus schwierig sein, ihn nachzuprüfen. Doch im Unterbewusstsein lässt man sich dennoch davon führen.

Der Mond im Widder

Die Menschen haben ein erhöhtes Kontaktbedürfnis, außerdem viel Energie. Der Enthusiasmus ist jedoch eher kurzlebig.

Der Mond im Stier

Jetzt getroffene Entscheidungen sind nur schwer wieder rückgängig zu machen – also sollten Sie vorher gut darüber nachdenken. Ein solcher Tag ist vor allem günstig für finanzielle Aktivitäten.

Der Mond in den Zwillingen

Ein Austausch von Gedanken und Ideen findet statt. Bahnbrechendes Handeln ist an diesen Tagen nicht angesagt, aber es besteht viel Sinn für die Familie.

Der Mond im Krebs

Empfindsamkeit, eventuell auch Überempfindlichkeit zeichnen Krebstage aus. Menschen, die sich sehr leicht beeinflussen lassen, sollten vor allem jetzt auf der Hut sein.

Der Mond im Löwen 🦁

Unterhaltung, Spaß, Lebensfreude, Selbstdarstellung heißen die Mottos. Andererseits weckt der Löwe auch Beschützerinstinkte – man sollte aufpassen, dass diese nicht zu Besitzansprüchen werden.

Der Mond in der Jungfrau 🐎

Einerseits besteht großes Kontaktbedürfnis, andererseits aber auch die Tendenz zur Enthaltsamkeit. Solch ein Tag ist gut für die Erledigung von Kleinkram und Routineangelegenheiten ohne kreativen Anspruch.

Der Mond in der Waage ⚖

Romanzen, Freundschaft, Partnerschaft werden besonders groß geschrieben. Doch Vorsicht vor emotionalen Konflikten, denn es besteht die Gefahr der Eifersucht.

Der Mond im Skorpion 🦂

Man neigt zu Kritik und Misstrauen. Empfindlichkeit und Verletzbarkeit sind erhöht. Übersinnliches ist begünstigt.

Der Mond im Schützen 🏹

Unruhe, Sehnsucht nach dem Fremden und Unbekannten sowie eine übergroße Reiselust sind die stärksten Impulse.

Der Mond im Steinbock 🐐

Tradition, Autorität, Regeln, Disziplin, Beruf und Geschäft sind wichtig. Man tendiert aber auch zu Pessimismus und Frustration.

Der Mond im Wassermann 🏺

Soziales Engagement, Rationalität, neue Ideen und Zukunftsplanung haben Vorrang. Zu viel Idealismus wird enttäuscht.

Der Mond in den Fischen 🐟

Die Menschen ziehen sich zurück, suchen den Kontakt zum Partner oder zur Familie. Solch ein Tag ist gut für die Beschäftigung mit Spirituellem.

Tierkreiszeichen und Körperregionen

Jedem Tierkreiszeichen werden bestimmte Bereiche des menschlichen (und tierischen) Organismus zugeordnet, auf die es eine spezifische Wirkung ausübt. Der Mond durchwandert somit in jedem Monat quasi den ganzen Körper, wobei er im Laufe des Jahres wiederum verschiedene Kräfte entfaltet, je nachdem, in welcher Phase er sich befindet. Und so sieht die Zuordnung der Körperregionen zu den verschiedenen Tierkreiszeichen aus:

- **Dem Widder** 🐏 werden der Kopf (Gehirn) und das Gesicht (Augen, Nase) zugeordnet.
- **Der Stier** 🐂 wirkt auf den Kiefer (Zähne), den Hals (Mandeln, Schilddrüse), den Nacken und die Ohren.
- **Die Zwillinge** 👫 beeinflussen sowohl die Bronchien und die Schulterpartie als auch die Arme und die Hände.
- **Der Krebs** 🦀 übt seine Wirkung auf die Brust, den Magen, die Lunge sowie auf Leber und Galle aus.
- **Der Löwe** 🦁 nimmt Einfluss auf das Herz, den Kreislauf, den Blutdruck und den Rückenbereich.
- **Der Jungfrau** 🌾 ordnet man den Stoffwechsel, die Verdauung und die Nerven zu.
- **Die Wirkung der Waage** ⚖ zielt gleichermaßen auf die Hüftregion wie auf die Nieren und die Blase.
- **Dem Skorpion** 🦂 werden die inneren und äußeren Sexualorgane sowie zusätzlich die ableitenden Harnwege zugeordnet.
- **Der Schütze** 🏹 beeinflusst die Oberschenkel und ebenso die Venen.
- **Der Steinbock** 🐐 bestimmt neben den Knien auch noch die Haut sowie den Knochenbau (Skelett).
- **Der Wassermann** 🏺 nimmt ebenso Einfluss auf die Unterschenkel wie auf die Venen und die Knöchel.
- **Den Fischen** 🐟 werden schließlich die Füße und Zehen zugeordnet.

Während der Mond ein bestimmtes Tierkreiszeichen durchläuft, sind die zugeordneten Körperregionen einerseits besonders anfällig für verschiedene starke Belastungen, andererseits besonders empfänglich für Entlastung, Pflege und Behandlung.

Chirurgische Eingriffe sollten aber, falls es irgendwie möglich ist, vermieden werden, da sie zuerst einmal eine besondere Belastung der betreffenden Körperregion darstellen. Ausführlicher wird auf diese Sachverhalte und die sich daraus ergebenden praktischen Konsequenzen im Abschnitt »Gesünder leben mit dem Mond« (ab Seite 50) eingegangen.

Tierkreiszeichen und Ernährung

Die Tierkreiszeichen beeinflussen auch die tägliche Nahrungsqualität – eine Qualität, die für die Erhaltung und Wiedererlangung der Gesundheit besonders wichtig ist. Worum geht es dabei? Beobachtung und Erfahrungen haben gezeigt, dass der Organismus zu bestimmten Zeiten auf bestimmte Nährstoffe in besonderer Weise reagiert. Häufig werden diese dann besonders gut aufgenommen und verwertet. Manchmal ist leider aber auch das Gegenteil der Fall – die Nährstoffe bekommen einem nicht, und man sollte sie deshalb zu diesem Zeitpunkt besser vermeiden. Man ist gut beraten, wenn man darauf achtet und seine eigenen Erfahrungen bei der Speisenauswahl berücksichtigt. So kann man nicht nur Ernährungsfehler vermeiden, sondern auch verhindern, dass bestimmte Nährstoffe, zu einem bestimmten Zeitpunkt gegessen, wegen allzu guter Verwertung dick machen oder sogar zu ernsthaften Erkrankungen führen.

Feuertage sind Eiweißtage ♌ ♈ ♐

Die Feuerzeichen (Widder, Löwe, Schütze) bestimmen die Eiweißqualität. An den Tagen, da der Mond in diesen Tierkreiszeichen steht, wirken eiweißhaltige Nahrungsmittel in der Regel besonders günstig auf den Organismus. Sie fördern den Zellaufbau und stärken physische Kraft und geistige Energien.

Achtung: Bedenken Sie aber, dass jede Einseitigkeit in der Ernährung die positive Wirkung bestimmter Nahrungsmittel abschwächen und unter Umständen sogar aufheben kann. Gerade ein Überangebot an Eiweißen kann zu Verdauungsstörungen führen, die den Organismus eher schwächen.

Erdtage sind Salztage 🐂 🐇 🐐

Die Erdzeichen (Stier, Jungfrau, Steinbock) beeinflussen die Salzqualität. Beobachten Sie einmal, ob Sie an diesen Tagen Appetit auf Salziges haben oder nicht. Wenn ja, geben Sie Ihrem Verlangen ruhig einmal nach, denn Salz braucht der Körper für die Bluternährung. An diesen Tagen ist die Wirkung besonders günstig.

Achtung: Wenn Sie aus gesundheitlichen Gründen, z. B. wegen Bluthochdrucks, salzarm essen müssen, dann seien Sie an diesen Tagen besonders vorsichtig, denn auch geringere Mengen haben jetzt eine große, in diesem Fall negative Wirkung.

Lufttage sind Fetttage 👫 ⚖ 🏺

Die Luftzeichen (Zwillinge, Waage, Wassermann) unterstützen die Nahrungsfette bei ihrer Wirkung auf den Organismus. Oft bekommt Fettes und Öliges an diesen Tagen recht gut und beeinflusst die inneren Drüsen positiv. Wenn man es sich gesundheitlich leisten kann, sollte man an diesen Tagen einfach einmal seinem Appetit folgen und die Schweinshaxe bestellen, bei deren Anblick einem das Wasser im Mund zusammenläuft.

Achtung: Gerade beim Fett scheiden sich die Geister am strengsten. Vermeiden Sie Fettes gerade an den Lufttagen, wenn es Ihnen grundsätzlich nicht bekommt. Sie gehen damit einer besonders ungünstigen Wirkung auf die Gesundheit aus dem Weg.

Wassertage sind Kohlenhydrattage 🦀 🦂 🐟

Die Wasserzeichen (Krebs, Skorpion, Fische) bedingen eine besondere Kohlenhydratqualität. Viele bevorzugen an diesen Tagen Brot, Kuchen, Mehlspeisen und Süßigkeiten. Das muss nicht falsch sein, denn Kohlenhydrate gelten als »Nervennahrung« und werden benötigt.

Achtung: Wenn Sie Stoffwechselprobleme haben und überdies etwas für die schlanke Linie tun wollen oder müssen, halten Sie sich an diesen Tagen besser zurück, denn kohlenhydratreiche Nahrungsmittel setzen dann besonders gut an.

Es ist gewiss nicht falsch, wenn man die hier genannten Nahrungsqualitäten bei der Speisenauswahl beachtet, denn sie weisen für den entsprechenden Zeitpunkt recht eindeutig auf eine Übereinstimmung zwischen dem Organismus und den jeweiligen Nährstoffen hin. Falsch wäre es allerdings, daraus ein perfektes Rezept, sozusagen eine Speisekarte nach dem Mond, ableiten zu wollen. Richtiger ist vielmehr, seine Ernährungsgewohnheiten einmal unter diesem Aspekt zu überprüfen, Beobachtungen sowie Erfahrungen zu sammeln und mit den Signalen des eigenen Körpers zu vergleichen. Dann finden Sie vielleicht einen geeigneten Rhythmus, der Appetit, Geschmack und Bekömmlichkeit auf angenehme Weise miteinander verbindet. Und damit fängt gesunde Ernährung an. Mehr dazu lesen Sie im Abschnitt »Gesünder leben mit dem Mond« (ab Seite 50).

Die Wirkung der Tierkreiszeichen auf die Pflanzen

Durch seinen jeweiligen Stand in den Tierkreiszeichen beeinflusst der Mond vor allem auch das Wachstum der unterschiedlichen Pflanzenteile.

Feuertage sind Fruchttage

Der Mond in einem Feuerzeichen (Widder, Löwe, Schütze) beeinflusst die Fruchtpflanzen – die Gewächse, deren Produktivität vor allem auf den Aufbau des Fruchtkörpers gerichtet ist. Dazu zählen u. a. Erdbeeren, Baum- und Strauchobst, Getreide, Bohnen, Erbsen, Gurken, Kürbis, Auberginen, Zucchini, Mais, Paprika, Tomaten.

Erdtage sind Wurzeltage

Der Mond in einem Erdzeichen (Stier, Jungfrau, Steinbock) wirkt auf die Wurzelpflanzen, also alle die Gewächse, die mit ihrem Hauptteil in den Boden hineinwachsen. Dazu gehören u. a. Knoblauch, Wurzelpetersilie, Zwiebeln, Kartoffeln, Karotten, Pastinaken, Radieschen, Rettich, Sellerie, Rote Bete, Schwarzwurzel.

Lufttage sind Blütentage

Der Mond in einem Luftzeichen (Zwillinge, Waage, Wassermann) wirkt besonders auf alle Blütenpflanzen. Dazu rechnet man u. a. Brokkoli, Sommerblumen, Blütenstauden.

Wassertage sind Blatttage 🦐 🦂 🐟

Der Mond in einem Wasserzeichen (Krebs, Skorpion, Fische) beeinflusst die Blattpflanzen, also alle Pflanzen, die wegen ihrer Blattbildung angebaut werden. Dazu zählt man u. a. Chicorée, Endivien, Feldsalat, Kopf-, Eis-, Schnitt- und Pflücksalat, Fenchel, Mangold, Spargel, Spinat, Wirsing, Kohlrabi, Blumen-, Rosen-, Rot- und Weißkohl, Blattpetersilie, alle anderen Blattkräuter.

Für erfolgreiches Gärtnern und viele Arbeiten in der Landwirtschaft ist die Kenntnis dieser Einflüsse sehr bedeutend. Daraus lassen sich beispielsweise optimale Termine für Aussaat, Pflege und Ernte der verschiedenen Pflanzen und Feldfrüchte ableiten. Mehr dazu finden Sie im Abschnitt »Erfolgreich gärtnern mit dem Mond« (ab Seite 90).

Einflüsse der Tierkreiszeichen auf die Witterung

Die Wirkung, die von den Tierkreiszeichen ausgeht, in denen sich der Mond während seines Umlaufs gerade befindet, erstreckt sich nicht nur auf das Wachstum bestimmter Pflanzen, sondern bestimmt in gewissem Ausmaß auch die Witterungsqualität des betreffenden Tages. Man braucht allerdings eine gute Beobachtungsgabe und ein feines Gespür, um diese Einflüsse zu bemerken, da sie allzu leicht von den langfristigen Klima- und Wetterentwicklungen überdeckt werden. Dennoch sind sie für Tiere und Pflanzen von nicht zu unterschätzender Bedeutung und können auch uns helfen, scheinbar rätselhafte Naturereignisse und ihre Wirkungen besser zu verstehen.

Feuertage sind Wärmetage 🐏 🦁 🏹

Eine angenehme, als verhältnismäßig warm oder mild empfundene Grundstimmung herrscht vor, wenn sich der Mond in einem der drei Feuerzeichen (Widder, Löwe, Schütze) befindet. Solche Tage laden zu Ausflügen in die Natur ein, auch dann, wenn der längerfristige Wettercharakter eher unfreundlich ist. Im Sommer sollte man an heißen Löwetagen auf der Hut sein, denn nicht selten wird man von schweren Gewittern überrascht, die auch von Hagel begleitet sein können.

Erdtage sind Kältetage 🐂 🐇 🐐

An den Tagen, an denen der Mond in einem Erdzeichen (Stier, Jungfrau, Steinbock) steht, herrscht ein kühles Mikroklima vor, auch wenn die Lufttemperaturen hoch sein sollten.

Ziehen Wolken auf, dann macht sich die Abkühlung deutlicher bemerkbar als an anderen Tagen. Man fröstelt leichter. Die Erde wirkt unverhältnismäßig kühl, und man tut gut daran, eine Decke oder einen wärmenden Pullover mitzunehmen, wenn man sich an den Strand oder auf eine Wiese legen will.

Lufttage sind Lichttage 👫 ⚖ 🏺

Bestimmt ein Luftzeichen (Zwillinge, Waage, Wassermann) die Tagesqualität, wirkt die Lichteinstrahlung auf Pflanzen, Tiere und Menschen intensiver. Es ist dann heller als an anderen Tagen, und dieser Eindruck besteht auch, wenn sich die Sonne hinter Wolken versteckt.

Manche Menschen empfinden das Tageslicht an diesen Tagen als besonders grell und tragen auch bei bedecktem Himmel eine Sonnenbrille. Aber in aller Regel wirkt diese Helligkeit auf viele eher aufmunternd und anregend.

Wassertage sind feuchte Tage 🦀 🦂 🐟

Steht der Mond in einem Wasserzeichen (Krebs, Skorpion, Fische), muss man häufiger mit Regen oder Schnee rechnen als an anderen Tagen. Aber auch wenn die Sonne scheint, sind Boden und Gras meist unangenehm feucht und kühl. Besonders deutlich wird dieser Witterungseindruck bei zunehmendem Mond, wenn die Aufnahmefähigkeit des Bodens relativ gering ist.

Allerdings: Man muss seine Sensibilität und den Blick für das Detail schon schärfen, um diese Witterungsqualitäten der Tierkreiszeichen zu erkennen. Wer dies aber schafft, wird ein neues Verhältnis zur Natur entwickeln und vieles entdecken, was ihm zuvor verborgen war.

Special: Weitere Charakteristika der Tierkreiszeichen

In der Astrologie werden den einzelnen Tierkreiszeichen noch weitere spezifische Eigenschaften und Wirkungen zugesprochen, die sich allerdings über den Mond kaum erkennen lassen. Sie spielen aber bei der Interpretation des Horoskops eine gewisse Rolle, weshalb sie hier – der Vollständigkeit wegen – noch kurz vorgestellt werden.

Kardinalzeichen: Die Zeichen Widder, Krebs, Waage und Steinbock stehen im Tierkreis jeweils am Beginn einer neuen Jahreszeit. Man bringt sie deshalb in Verbindung mit Aktion, Initiative und Beweglichkeit.

Fixe Zeichen: Die Zeichen Stier, Löwe, Skorpion und Wassermann stehen für Beständigkeit, Beharrlichkeit und konsequentes Handeln.

Veränderliche Zeichen: Die Zeichen Zwillinge, Jungfrau, Schütze und Fische werden mit Anpassung, Flexibilität und Unbeständigkeit in Zusamenhang gebracht.

Tag- und Nachtzeichen
Diese Einteilung der Tierkreiszeichen findet man in alten Gartenbüchern; sie wird heute kaum noch berücksichtigt.

Tagzeichen: Dazu rechnet man die Feuer- und Luftzeichen, also Widder, Zwillinge, Löwe, Waage, Schütze und Wassermann. Sie gelten als aktiv, trocken und eher unfruchtbar.

Nachtzeichen: Hierzu zählen die Erd- und Wasserzeichen, also Stier, Krebs, Jungfrau, Skorpion, Steinbock und Fische. Ihre Wirkung wird als passiv, feucht und sehr fruchtbar beschrieben.

Männliche (positive) und weibliche (negative) Tierkreiszeichen

Die Astrologie unterteilt die Tierkreiszeichen zuweilem auch noch nach dem Geschlecht und verleiht ihnen positive und negative Vorzeichen.

Männlich in diesem Sinn sind Widder, Zwillinge, Löwe, Waage, Schütze und Wassermann. Diese Zeichen sollen eher nach außen orientiert, voller Selbstbewusstsein, Mut und Energie sein.

Weiblich sind demnach Stier, Krebs, Jungfrau, Skorpion, Steinbock und Fische. Diese Zeichen sind scheinbar eher nach innen gekehrt, schüchtern, ängstlich und wechselhaft in ihren Stimmungen.

Junge oder Mädchen – Gechlechtsbestimmung nach dem Mond

In diesem Zusammenhang sei auf eine in den siebziger Jahren des vergangenen Jahrhunderts stark beachtete Theorie hingewiesen, die dem tschechischen Arzt und Psychiater Dr. Eugen Jonas zugeschrieben wird. Demnach ist es mit Hilfe astrologischer Daten offenbar möglich, durch den Zeitpunkt der Befruchtung auch das Geschlecht eines Kindes vorauszubestimmen. Dr. Jonas erfuhr bei der Befragung von etwa 30 000 Frauen, dass immer dann ein Junge geboren wurde, wenn der Mond im Augenblick der Zeugung in einem der sechs männlichen Tierkreiszeichen gestanden hatte, während im anderen Fall ein Mädchen zur Welt kam. Die Trefferquote soll bei über 98 Prozent der untersuchten Fälle gelegen haben.

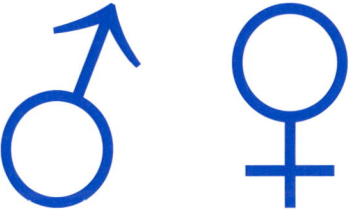

Mit dem Mond leben

- Gesünder leben mit dem Mond
- Schönheits- und Körperpflege
- Der Mond als Hilfe im Haushalt
- Bauen und heimwerken mit dem Mond
- Erfolgreich gärtnern mit dem Mond
- Landwirtschaft und Tierhaltung
- Beruf und Karriere – kann der Mond helfen?
- Freundschaft, Liebe und Partnerschaft – nicht immer ist Honigmond
- Mond und Freizeit

Der Mond

... bleich, treu und kalt,
im vorbestimmten Lauf
auf immer gleichen Straßen.
Nimmt ab, wird wieder hell,
ruft Ebb und Flut,
regiert der Frauen Blut,
ist immer neu und alt,
tut schwindend allem Bauholz gut,
gibt, wenn er wächst, dem Brennholz
rechte Glut ...

Werner Bergengruen (1892–1964)

Gesünder leben mit dem Mond

Bevor in diesem Abschnitt die Einflüsse des Mondes auf den menschlichen Organismus näher beschrieben und entsprechende Verhaltensempfehlungen gegeben werden, muss noch eines klargestellt werden: Es wäre grundfalsch und entspräche ganz und gar nicht dem Anliegen dieses Buchs, nähme man an, Gesundheit und Wohlbefinden des Einzelnen hingen allein oder in bedeutendem Ausmaß von außerirdischen Kräften ab. Ganz im Gegenteil, jeder von uns ist für seine Gesundheit – die körperliche wie auch die seelische – vor allem selbst verantwortlich. Was er tut oder unterlässt, ist entscheidend.

Die Kräfte des Mondes können lediglich dabei helfen, das Richtige zu tun und das Ungünstige zu unterlassen. Und sie können das Richtige, das zum rechten Zeitpunkt geschieht, unterstützen, noch wirksamer werden lassen. Der Mond heilt nicht, aber er kann beim Heilen helfen – und vor allem: Er kann uns helfen, gesund zu bleiben.

Was heißt eigentlich Gesundheit?

Mit »Gesundheit« bezeichnet man nicht allein die Abwesenheit von Krankheit; der Begriff ist viel umfassender zu verstehen. Wir bestehen nicht nur aus unserem Körper, aus Knochen, Nerven, Muskeln und Organen. Was den Menschen ausmacht, ist die Einheit aus Körper, Geist und Seele. Das bedeutet einerseits, dass wir erkennen können, in welcher Weise auftretende körperliche Symptome psychische Ursachen haben. Andererseits sollte jeder für sich selbst seinen Begriff von Gesundheit definieren. Jeder Mensch hat in allen Bereichen seine Schwächen und Stärken. Dies hängt u. a. von Alter, Lebenssituation und allgemeiner körperlicher Verfassung ab. Also muss jeder für sich herausfinden, was für ihn gesund ist.

Für uns alle gilt jedoch, dass eine grundsätzlich positive Einstellung dem Leben gegenüber ausschlaggebend für die eigene Gesundheit ist. Doch natürlich hat auch die Lebensführung Bedeutung. Ein wichtiger Aspekt ist die Ernährung, außerdem Bewegung, Schlaf und Entspannung. Unser Körper sagt uns, was er braucht. Dazu ist es allerdings notwendig, auf ihn zu hören, also sensibel für seine Botschaften zu werden, die Körperbereiche zu pflegen oder eventuell psychische Ursachen herauszufinden und zu beheben. Doch wie kann uns nun der Mond dabei helfen, unsere Gesundheit zu bewahren oder gesünder zu werden?

Wie der Mond uns hilft, gesund zu bleiben

Zunächst ist es sinnvoll, einmal genauer die Einflüsse zu betrachten, die von den einzelnen Phasen des wechselnden Mondes ausgehen.

- **Bei Neumond** ● ist die Entgiftungsbereitschaft des Körpers besonders groß. Der Zeitpunkt ist also passend, um damit zu beginnen, sich das Rauchen abzugewöhnen, seinen Alkoholkonsum zu reduzieren oder auch eine Fastenpause einzulegen.

- **Bei zunehmendem Mond** ☾ kann der Körper alles, was er bekommt, besonders gut verwerten. Das betrifft sowohl alles, was auf den Körper heilend und aufbauend wirkt, also z. B. Medikamente, aber natürlich auch die Nährstoffe. Diese Phase ist gut geeignet, um sich zu erholen.

- **Bei Vollmond** ○ sind viele Menschen unruhiger als sonst und neigen stärker zu Aggressionen. Schlafstörungen sind häufiger, und man träumt intensiver. Wunden bluten stärker und verheilen schlechter. Dies bedeutet, dass man sich bei Vollmond – außer in Notfällen – nicht operieren lassen sollte.

- **Bei abnehmendem Mond** ☽ befindet sich der Organismus in Höchstform. Körper und Geist sind zu Höchstleistungen fähig. Günstig ist dies für die Entgiftung und Entschlackung des Körpers sowie für operative Eingriffe, denn Wunden heilen schneller. Auf die Psyche wirken Meditationen und Entspannungsübungen mit besonderer Intensität.

Die Bedeutung der Tierkreiszeichen

Jedem der zwölf Tierkreiszeichen, die der Mond bei seiner Erdumrundung innerhalb von ca. 28 Tagen durchwandert, ist eine bestimmte Körperregion zugeordnet (siehe Seite 40). Dementsprechend empfänglich ist dieser Bereich an diesen Tagen – sowohl für negative als auch für positive Einflüsse. Dies bedeutet für uns, dass wir darauf achten sollten, eine Region nicht zu sehr zu belasten, wenn der Mond sich gerade im ihr entsprechenden Zeichen befindet. Bei Empfindlichkeiten im jeweiligen Bereich sollten sie vorsichtshalber geschont werden.

Andererseits sind diese Tage optimal dafür geeignet, die entsprechende Körperregion, in welcher Form auch immer, zu pflegen. Dies kann beispielsweise im Fall von Verdauungsproblemen ein Fasttag sein. Auch Massagen wirken besonders nachhaltig, wenn sie am richtigen Tag erfolgen. Entspannungsübungen, Heilbäder, die Einnahme von Heilmitteln, Inhalationen, Hautpflege, Gymnastik – die Auswahl an Pflegemaßnahmen ist vielfältig.

Die Mondphasen verstärken diese pflegenden Wirkungen, indem sie bestimmte Maßnahmen positiv beeinflussen: Bei zunehmendem Mond wirkt alles, was aufbaut, kräftigt und heilt. Bei abnehmendem Mond sind Maßnahmen zur Entgiftung und Entlastung besonders wirksam.

Chirurgische Eingriffe sollten aber möglichst vermieden werden, wenn der Mond gerade das entsprechende Tierkreiszeichen durchläuft, da sie erst einmal eine besondere Belastung darstellen.

Versuchen Sie es! Lernen Sie, die Zeichen Ihres Körpers zu erkennen und zu deuten. Die folgenden Richtlinien können dabei helfen. Detailliertere Informationen gibt es im umfangreichen Kapitel »Die Mondpraxis« (ab Seite 136), in dem Gesundheitstipps zu jedem »Mondtag« gegeben werden.

Abnehmen mit dem Mond

Wer abnehmen will oder muss, sollte bei Neumond stets einen Fasttag einlegen. Eine Fastenkur beginnt man am besten bei abnehmendem Mond, weniger günstig wäre das erste Viertel, in dem der Mond zunimmt. Fasttage an Vollmond bringen erfahrungsgemäß nichts, da man dann nur noch nervöser wird, als man ohnehin schon ist. Die Tierkreiszeichen spielen dabei übrigens kaum eine Rolle.

Den Bewegungsapparat stärken

Für die Stärkung des Bewegungsapparats durch Einreibungen, Massagen und leichte Gymnastik ist ebenfalls der zunehmende Mond eine gute Behandlungszeit, vor allem wenn man noch die Tierkreiszeichen beachtet, die einzelne Körperbereiche regieren: Zwillinge für die Arme, Waage für die Hüfte, Schütze für die Oberschenkel, Steinbock für Knie und andere Gelenke, Wassermann für Unterschenkel und Knöchel, Fische für Füße und Zehen.

Für ein eher strapazierendes Bewegungstraining ist allerdings eher der abnehmende Mond geeignet; dann allerdings sollte man extreme Belastungen für die Organe vermeiden, durch deren Tierkreiszeichen der Mond gerade wandert. Bei Neumond sollte man solche Belastungen grundsätzlich vermeiden.

Blutreinigung

Eine Brennnesselkur zur Blutreinigung und Entschlackung, die als jährlich wiederholte Frühjahrskur wahre Wunder wirkt, führt man am besten bei abnehmendem Mond durch, besonders günstig sind hierfür Waage- oder Schützetage. Im Herbst bieten sich die Löwetage bei abnehmendem Mond an.

Chirurgische Eingriffe

Auch chirurgische Eingriffe aller Art sollten, wenn möglich, bei abnehmendem Mond durchgeführt werden, weil in diesem Zeitraum Wunden weniger stark bluten und nachweislich schneller zuheilen. Allerdings ist darauf zu achten, dass ein Organ nicht gerade an dem Tag operiert wird, an dem der Mond in dem Tierkreiszeichen steht, das diesem Organ zugeordnet ist. Wenn es irgend geht, soll man bei Voll- bzw. Neumond keine chirurgischen Eingriffe vornehmen.

Das gilt alles natürlich nicht für unbedingt erforderliche Eingriffe, wie z. B. Notoperationen bei akuten Krankheiten oder nach Unfällen bzw. Verletzungen. Kann man aber den Termin einer Operation vereinbaren, sollte man auf den Mondeinfluss schon Rücksicht nehmen. Immer mehr Ärzte, auch Vertreter der sogenannten Schulmedizin, haben dafür Verständnis und planen ihre Behandlungen – so weit es geht – nach dem Mondkalender.

Eingewachsene Nägel entfernen

Will man eingewachsene Zehennägel ziehen (lassen), wählt man dafür einen Tag bei abnehmendem Mond, der aber nicht in den Fischen stehen soll. Sehr schmerzhaft dürfte dieser Eingriff an einem Fischetag bei zunehmendem Mond sein. Also besser vermeiden!

Entspannung

Auch Entspannungsübungen sind bei Neumond gut wirksam. Sie bringen auch bei abnehmendem Mond leichter und schneller das gewünschte Ergebnis, als das bei zunehmendem Mond der Fall sein dürfte. Bei Vollmond sollte man in diese Übungen nicht allzu große Erwartungen setzen.

Fußreflexzonenmassage

Die Fischetage bei zunehmendem Mond sind sehr gut für eine aufbauende bzw. regenerierende Fußreflexzonenmassage geeignet, während eine entspannende, ausleitende Massage der Fußreflexzonen ist an Fischetagen bei abnehmenden Mond wirksamer. Wenn Vollmond herrscht, ist eine Fußreflexzonenmassage nicht so günstig.

Heilende Bäder

Heilende Bäder haben bei zunehmendem Mond eine wohltuende Wirkung, besonders an den Erdtagen, also wenn der Mond im Stier, in der Jungfrau oder im Steinbock steht. Die Erdtage sind auch bei abnehmendem Mond noch einigermaßen günstig, während man ansonsten bei abnehmendem Mond den Badezusatz stärker dosieren muss, um die volle Wirkung der Essenzen zu erreichen.

Kräftigende Massagen

Heilende, d. h. kräftigende Massagen in den Körperbereichen, die nicht zum Bewegungsapparat gehören, sind sehr wirksam bei zunehmendem Mond in dem Zeichen, das die betreffende Körperregion bestimmt. Bei abnehmendem Mond haben Massagen eine stärker entspannende Wirkung. Für beide Formen ist der Vollmond eher wenig geeignet.

Schlechte Gewohnheiten aufgeben

Wer schädliche Gewohnheiten, z. B. das Rauchen oder allzu regelmäßigen Alkoholgenuss aufgeben will, kann im Neumond einen Verbündeten finden. Wer den festen Willen dazu hat, sollte bei Neumond seine individuelle »Entziehungskur« beginnen. Besonders gut soll das übrigens beim Märzneumond gelingen.

Warzen und Hühneraugen entfernen

Um lästige Warzen zu entfernen, sollte man eine entsprechende Behandlung unmittelbar nach Vollmond beginnen und bei abnehmendem Mond weiterführen. Dauert die Entfernung länger, ist es besser, die Behandlung ab Neumond zu unterbrechen und erst bei erneut abnehmendem Mond wieder aufzunehmen.

Nach überlieferten Auffassungen kommen Warzen, die bei zunehmendem Mond an einem Krebstag behandelt wurden, immer wieder. An einem solchen Tag soll man die Warze nicht einmal berühren. Auch Hühneraugen entfernt man am besten bei abnehmendem Mond, günstigstenfalls beginnt die Behandlung, wenn der Mond im Wassermann steht.

Zahnärztliche Behandlungen

Zahnärztliche Behandlungen sollte man ebenfalls lieber bei abnehmendem Mond durchführen lassen; sie sind dann in der Regel weniger schmerzhaft, eventuell entstandene Wunden bluten weniger und schließen sich schneller. Wenn ein Zahn gezogen werden muss, sollte man allerdings die Lufttage (Zwillinge, Waage, Wassermann) nach Möglichkeit meiden. Geht es nur bei zunehmendem Mond, dann bitte nie an Lufttagen!

Auch für Zahnfüllungen, Kronen, Brücken usw. ist der abnehmende Mond die beste Behandlungszeit, wenn möglich aber nicht an einem Stiertag – da ist das Bohren noch unangenehmer als sonst. Steht eine Kieferoperation an, gilt das Gleiche: bei abnehmendem Mond, möglichst nicht an einem Stiertag. Wenn der Eingriff aber bei zunehmendem Mond durchgeführt werden muss, dann auf keinen Fall an einem Stiertag! Dass Voll- bzw. Neumond keine günstigen Operationstermine sind, trifft auch für diesen Bereich zu.

Special: Achtung Risiko!

So, wie jedes Organ an dem Tag besonders empfänglich für Pflege und Stärkung ist, an dem der Mond in dem Tierkreiszeichen steht, das für diesen Körperbereich »zuständig« ist, so sensibel reagiert es auch auf Stoffe und Einflüsse, die zu einer Störung oder gar Erkrankung führen können. Im Allgemeinen wird man als gesunder Mensch keine umfassenden Sicherheitsvorkehrungen für jeden Tag treffen müssen; wer aber den einen oder anderen »schwachen Punkt« bei sich kennt bzw. wer für bestimmte Krankheiten prädestiniert ist, sollte die entsprechenden Termine beachten. Vorbeugen ist allemal besser als heilen!

- Das Allergierisiko ist bei Vollmond besonders hoch und bei zunehmendem Mond erhöht.
- Das Risiko für Augenbeschwerden ist besonders hoch an den Widdertagen in der Nähe des Vollmonds; an Widdertagen allgemein ist es erhöht.
- Blasen- und Nierenbeschwerden treten besonders häufig an den Waagetagen bei zunehmendem Mond auf, auch an Waage- und Skorpiontagen allgemein ist das Risiko erhöht.
- Frauenleiden zeigen sich mit einer gewissen Häufung an Skorpiontagen, relativ unabhängig von der Mondphase.
- Das Risiko für Fußbeschwerden ist besonders hoch an den Fischetagen bei zunehmendem Mond; an Fischetagen allgemein ist es erhöht.
- Gelenkschmerzen treten häufiger auf an den Steinbocktagen bei zunehmendem Mond, auch an Steinbock- und Wassermanntagen in den anderen Phasen des Mondes.
- Das Risiko für Halsschmerzen und Heiserkeit ist besonders hoch bei zunehmendem Mond im Stier, aber auch an sonstigen Stiertagen.
- Herz-Kreislauf-Probleme treten besonders ausgeprägt beim Vollmond im Löwen in Erscheinung, machen sich aber auch an Löwetagen allgemein bemerkbar.
- Wer zu Ischias (Hexenschuss) neigt, sollte sich an Schützetagen bei zunehmendem Mond in Acht nehmen; aber auch an allen anderen Schützetagen ist da Risiko erhöht.

- **Kopfschmerzen und Migräne** treten häufiger an Widdertagen auf, besonders an den Widdertagen im März und April bzw. im September und Oktober.
- **Beschwerden an Leber und Gallenblase** sind vor allem an Krebstagen zu befürchten, besonders bei zunehmendem Mond.
- Auch das Risiko für **Magenbeschwerden** ist an Krebstagen erhöht.
- **Muskelschmerzen** treten bevorzugt an Zwillinge- und Schützetagen auf.
- **Ohrenschmerzen** zeigen sich öfter an Stiertagen.
- **Rheumatische Beschwerden** muss man besonders an Zwillingetagen bei zunehmendem Mond befürchten, auch in den anderen Mondphasen sind sie an Zwillingetagen häufiger als sonst.
- **Schlafstörungen** treten besonders häufig um und bei Vollmond auf, auch an Löwetagen leidet man nicht selten darunter.
- Das Risiko für **Venenbeschwerden** ist erhöht, wenn der Mond im Schützen oder im Wassermann steht.
- **Verdauungsprobleme** zeigen sich häufiger als sonst an Jungfrautagen bei zunehmendem Mond, aber auch an Jungfrautagen allgemein.

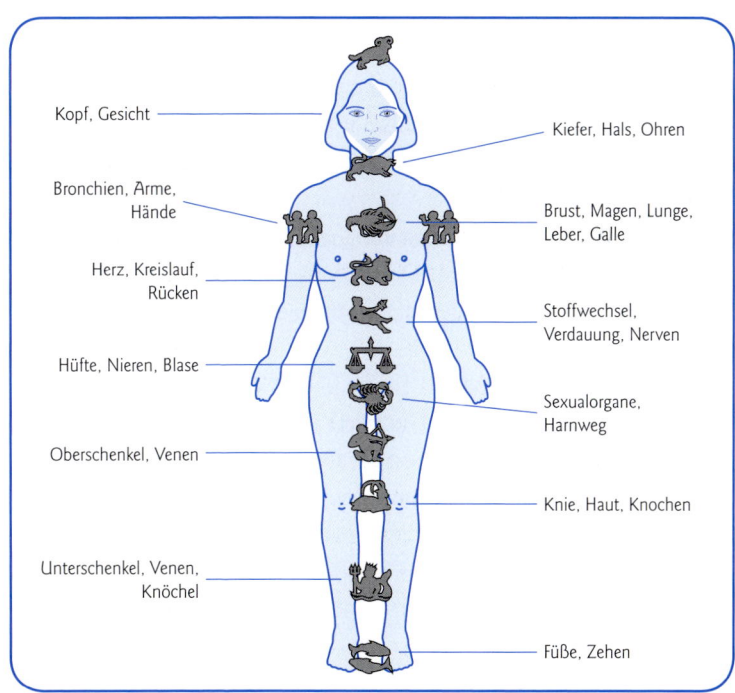

Kopf, Gesicht

Kiefer, Hals, Ohren

Bronchien, Arme, Hände

Brust, Magen, Lunge, Leber, Galle

Herz, Kreislauf, Rücken

Stoffwechsel, Verdauung, Nerven

Hüfte, Nieren, Blase

Sexualorgane, Harnweg

Oberschenkel, Venen

Knie, Haut, Knochen

Unterschenkel, Venen, Knöchel

Füße, Zehen

Schönheits- und Körperpflege mit dem Mond

Dr. Richard Mead, ein berühmter Arzt im England des 18. Jahrhunderts, wusste Folgendes zu berichten: »Ich kannte eine junge Adlige, deren Schönheit von der Mondeskraft abhing, denn bei Vollmond war sie pausbackig und sehr hübsch, nahm aber der Trabant ab, so wirkte sie fahl und unansehnlich, dass sie sich schämte auszugehen, bis nach dem Neumond wieder ihr Gesicht sich füllte und ihre Reize nun zur Wirkung kamen.«

Wer also etwas für seine Schönheit, für ein noch gepflegteres Aussehen tun will, kann sich offenbar den Mond zum Verbündeten machen – und das sicher nicht nur bei der Hautpflege.

Was der Haut gut tut

Auch wenn die Feststellung von Dr. Mead etwas übertrieben erscheint, sie enthält durchaus einen wahren Kern, wie Hautärzte und Kosmetikerinnen bestätigen. Die Mondphasen haben eine deutliche Wirkung auf die Haut.

Bei zunehmendem Mond ist sie gut durchblutet, feucht und aufnahmebereit für Nährstoffe. Die Zeit ist jetzt sehr geeignet für alle Masken, die zum Aufbau der Haut beitragen. Am günstigsten ist dafür der Vollmond.

Bei abnehmendem Mond hingegen ist die Haut eher trocken und schlechter durchblutet. Die Haut ist in dieser Phase bedeutend unempfindlicher gegen Schmerzen. Deshalb sind schmerzhafte Behandlungen, wie z. B. das Entfernen von Hautunreinheiten, weniger unangenehm. Entgiftung und Maßnahmen zur Tiefenreinigung der Haut sind jetzt besonders wirksam.

Aufbauende, ernährende Hautpflege

Diese Art der Hautpflege nimmt man am besten bei zunehmendem Mond an einem Steinbocktag vor, aber auch generell bei zunehmendem Mond wirkt sie sehr gut. Weniger befriedigend ist die Wirkung, wenn die Maßnahmen zur Hauternährung bei abnehmendem Mond durchgeführt werden. Auch wenn Sie die Haut täglich mit einer Nährcreme behandeln, werden Sie den Unterschied spüren, wenn Sie einmal bewusst darauf achten. Wenn der Mond zunimmt, zieht die Creme deutlich besser und schneller ein als bei abnehmendem Mond.

Gesichtsmasken zur Hautstraffung

Eine solche Maske kann bei zunehmendem Mond im Steinbock wahre Wunder bewirken. Auch an allen anderen Tagen bei zunehmendem Mond ist eine derartige Anwendung sehr günstig. Weniger Erfolg wird man bei abnehmendem Mond verspüren. In dieser Zeit ist eine Maske mit adstringierender Wirkung viel empfehlenswerter.

Kräutersalben für die Kosmetik herstellen

Wer ganz auf die Natur setzt und kosmetische Präparate selbst zusammenrühren will, sollte dies möglichst bei aufsteigendem Mond tun, also an Schütze-, Steinbock-, Wassermann-, Fische-, Widder- oder Stiertagen. Günstig ist es auch, wenn man für diese Tätigkeit einen Vollmondtag erwischt. Wenn der Mond allerdings durch die Tierkreiszeichen Krebs oder Jungfrau wandert, sollte man besser darauf verzichten, da die Präparate dann nicht besonders lange haltbar sein werden. Es empfiehlt sich, die Kräutersalben bei abnehmendem Mond in die Vorratsbehälter abzufüllen.

Peeling

Wenn man die Haut auf diese Weise von rauen, abgestorbenen Partikeln reinigen will, wählt man dafür die Zeit des abnehmenden Mondes, vermeidet dabei aber Krebs- und Fischetage. Ein Peeling bei zunehmendem Mond oder sogar bei Krebs oder Fische in dieser Mondphase kann zu starken Hautrötungen oder gar lokalen Entzündungen führen.

Tiefenreinigung der Haut

Sehr günstig ist es, wenn man sie bei abnehmendem Mond vor-
nimmt, jedoch möglichst nicht an Steinbocktagen. Weniger erfolgreich ist sie bei zunehmendem Mond und ungünstig an einem Steinbocktag bei zunehmendem Mond.

Diese Empfehlungen gelten auch für die manuelle Entfernung
von kleinen Pickeln, Pusteln oder Mitessern. Aber Vorsicht – dabei
kann man der Haut oftmals mehr schaden als nutzen. Besser, man
vertraut dabei einem Arzt oder der ausgebildeten Kosmetikerin. Bei
der Terminvereinbarung sollte man sich aber schon nach dem Mond
richten, wenn das möglich ist.

Die wohltuende Kraft der Bäder

Nach einem stressigen Tag kann ein wohl temperiertes Bad mit den
richtigen Badezusätzen herrlich entspannend sein und zugleich neue
Kräfte wecken. Man kann die gewünschte Wirkung noch verstärken,
wenn man die Impulse des Mondes mit in Betracht zieht. Probieren
Sie es doch einfach mal aus!

Anregende, vitalisierende Bäder

Besonders viel Energie und Frische verleihen solche Bäder, wenn
man sie bei zunehmendem Mond an den Lufttagen genießt, wenn
also der Mond durch Zwillinge, Waage oder Wassermann wandert.
Diese Tage sind auch in den anderen Mondphasen recht günstig,
während die anregende Wirkung an den Erdtagen (Stier, Jungfrau,
Steinbock) bei abnehmendem Mond nicht so deutlich zu verspüren sein dürfte.

Aphrodisische Bäder

Will man die Sinne, vor allem aber die Sinnlichkeit durch ein Bad
mit entsprechenden Zusätzen anregen, empfiehlt sich die Vollmond-
zeit oder der abnehmende Mond, wenn er in den Feuerzeichen
(Widder, Löwe, Schütze) steht. Bei zunehmendem Mond an den
Wassertagen (Krebs, Skorpion, Fische) wird die gewünschte Wirkung dagegen eher schwächer ausfallen.

Entspannende, beruhigende Bäder

Solche Bäder entfalten ihre besondere Wirkung bei abnehmendem Mond, besonders an den Wassertagen, also wenn sich der Erdtrabant in Krebs, Skorpion oder in den Fischen aufhält. Wassertage sind auch bei zunehmendem Mond noch günstig. Weniger wirksam sind diese Bäder bei zunehmendem Mond an Feuertagen (Widder, Löwe, Schütze) und an Vollmondtagen.

Heilende Bäder

Wie schon erwähnt entfalten heilende Badezusätze ihre Wirkung am besten bei zunehmendem Mond. Ganz besonders günstig sind dabei die Erdtage, also Stier, Jungfrau und Steinbock. Nicht ganz so gut eignet sich die Phase des abnehmenden Mondes für solche Bäder, weil dann die heilenden Substanzen nicht so gut vom Organismus aufgenommen werden.

Saunabäder

Wer die reinigende, entspannende und dabei anregende Wirkung eines Saunabades voll genießen will, dem sei ein Besuch in der Sauna besonders bei abnehmendem Mond empfohlen, am besten noch, wenn der Erdbegleiter dann in einem Feuerzeichen (Widder, Löwe, Schütze) weilt. Um den Vollmond herum bekommt dagegen die Sauna manchen Menschen eher weniger, vor allem wenn ihr Kreislauf nicht ganz stabil ist. Überhaupt: Bevor man sich zum ersten Mal einem Saunabad unterzieht, empfiehlt es sich, seinen Hausarzt zu konsultieren. Das gilt vor allem für Saunaanfänger, die schon etwas älter sind.

Sonnenbäder

Ihre gesundheitliche und kosmetische Wirkung ist umstritten. Ein Zuviel erhöht die Hautkrebsgefahr und lässt die Haut schneller altern. Andererseits regt die Sonne unseren Hormonstoffwechsel an, und eine sportlich gebräunte Haut zählt immer noch zu den begehrten Schöheitsattributen. Es kommt also auf das richtige Maß an, das jeder für sich aufgrund seines Hauttyps finden muss. Generell gilt: Nicht mehr als eine halbe Stunde pro Tag ungeschützt in die volle

Sonne. Aber auch der Mond beeinflusst die Wirkung der Sonnenstrahlen auf die Haut: Weniger stark ist die Belastung bei abnehmendem Mond, ausgenommen die Krebs-, Löwe- und Steinbocktage. Die Sonnenbrandgefahr ist erhöht bei zunehmendem Mond, vor allem aber an Widder-, Löwe-, Schütze- und Steinbocktagen in dieser Mondphase.

Haare – seidiger Glanz und perfekte Frisur

Ob und wie jemand gepflegt ist, kann man oft an den Haaren und an der Frisur erkennen. Auch beim pfleglichen Umgang mit unserem natürlichen Schmuck kann der Mond helfen.

Haarwäsche

Je nach dem Zustand und entsprechend der täglichen Beanspruchung wird man die Haare mehr oder weniger oft waschen müssen. Wenn es geht, sollte man das nicht jeden Tag tun, um Haare und Kopfhaut zu schonen. Sehr günstig sind die Tage, wenn der Mond sich – unabhängig von der Mondphase – in einem Luftzeichen, also Zwillinge, Waage oder Wassermann, aufhält. Geeignet sind auch Feuertage (Widder, Löwe, Schütze). Wenn man es einrichten kann, sollte die Haarwäsche aber an Krebs- und Fischetagen ausfallen, da die Haare dann an Glanz und Fülle verlieren können.

Haarschnitt

Für den optimalen Friseurtermin gibt es mehrere Möglichkeiten, die der Mond begünstigt:

Wer will, dass seine Haare langsamer, aber dafür dichter nachwachsen, sollte seinen Friseurbesuch für die Zeit des abnehmenden Mondes einplanen. Am allerbesten ist ein Löwetag. Weniger günstig sind Tage, an denen der Mond – gleich ob ab- oder zunehmend – im Krebs oder in den Fischen steht. Vor allem an Krebs- oder Fischetagen bei zunehmendem Mond findet die Frisur keinen richtigen Halt.

Sollen die Haare rasch nachwachsen und lang werden, sollte der Figaro die Schere bei zunehmendem Mond ansetzen, besonders an einem Löwetag. Nicht so günstig wäre dies – wie schon erwähnt – an

Krebs- oder Fischetagen, ganz ungünstig aber, wenn dann der Mond auch noch abnimmt.

Haarfärbung bzw. -tönung

Wer das erste Grau dezent verdecken oder aber mit frischen und frechen Farben brillieren will, ist gut beraten, wenn er seine Haare bei zunehmendem Mond an Zwillinge- oder Waagetagen färben lässt oder eine Tönung aufträgt. Auch ein Wassermanntag, ebenfalls bei zunehmendem Mond, ist geeignet. Nach Möglichkeit sollte man bei abnehmendem Mond auf das Färben und Tönen verzichten, weil die Haare zu dieser Zeit die färbenden Substanzen schlechter annehmen und leicht ein strähniger, streifiger Eindruck entstehen kann.

Dauerwelle

Wer auf diese Weise seiner Frisur Form und Halt geben möchte, sollte sich die Haare möglichst an einem Jungfrautag legen lassen. Ist vorher ein Schnitt erforderlich, sollte man dann auch noch die Mondphase berücksichtigen (siehe oben).

Haarentfernung

Zur Entfernung lästiger oder überflüssiger Körperhaare sind Steinbocktage bei abnehmendem Mond besonders geeignet. Ist kein Steinbocktag in Sicht, dann tut es auch jeder andere Tag während dieser Mondphase, außer Löwe- und Jungfrautage. Die Haarentfernung ist dann weniger schmerzhaft, und die Haare wachsen deutlich langsamer nach als wenn man sie bei zunehmendem Mond oder gar bei Vollmond auszupft.

Rasur

Wie alle Haare wachsen auch die Barthaare etwas schneller nach, wenn man sie bei zunehmendem Mond schneidet. Wer seinen Bart also nur gelegentlich stutzt, wählt besser den abnehmenden Mond.

Hände, Füße, Nägel

Ebenfalls nicht zu vernachlässigen sind die »Randgebiete« der Körperpflege – die Hand- und Fußpflege. Schon ein paar Tropfen Babyöl machen trockene und strapazierte Haut wieder geschmeidig; und Ihre Füße werden es Ihnen danken, wenn Sie ihnen nach einem anstrengenden Tag ein wohltuendes Fußbad und vielleicht auch eine Massage gönnen. Dazu gehört auch die Pflege der Hand- und Fußnägel, die nicht nur der Gesundheit, sondern auch der Schönheit dienen soll.

Nagelpflege

Auch für das Schneiden, Feilen, Polieren der Hand- und Fußnägel gibt es optimale Zeitpunkte. Das sind zum einen die Tage, an denen der Mond im Steinbock steht, und zum anderen die Zeit des abnehmenden Mondes. Nicht so günstig sind der zunehmende Mond sowie Zwillingetage (für die Hände) und Fischetage (für die Füße).

Eine alte Regel, die unabhängig von den Mondregeln gilt, lautet übrigens, dass Nägel freitags geschnitten werden sollten, weil sie dann fester werden.

Nagelkorrektur

Muss man eingewachsene Nägel korrigieren, sollte man diese unangenehme Prozedur immer bei zunehmendem Mond, möglichst sogar an einem Steinbocktag vornehmen. Bei abnehmendem Mond korrigierte Nägel wachsen wieder »falsch« nach.

Anders ist es, wenn ein Nagel entfernt werden muss. Diese kleine Operation wird besser bei abnehmendem Mond durchgeführt, möglichst aber nicht an Zwillingetagen (Hände) bzw. Fischetagen (Füße).

Special: Heilkräuter

Viele Pflanzen und Kräuter wurden schon in frühester Zeit als Heilmittel verwendet. Viele berühmte Heiler des Mittelalters verschrieben heilkräftige Mixturen, die aus Wurzeln, Stängeln und Blättern gemischt wurden. Manche Frauen, die als kräuterkundig galten, wurden als Hexen verschrien, weil sie angeblich damit zauberten – denn die Pflanzen enthalten nicht nur heilende, sondern häufig auch giftige Substanzen. Und wer kennt nicht die mystischen Geschichten über bestimmte Pflanzen, die nur nachts bei Vollmond geerntet werden dürfen, während magische Formeln als Beschwörung gemurmelt werden.

Tatsache ist, dass sehr viele Pflanzen eine heilende Wirkung haben. Und wir wissen, dass der Mond die Natur beeinflusst und dass seine Energien auf verschiedene Pflanzenteile wirken. Dieses Wissen und die jahrhundertealte Erfahrung haben zu zahlreichen Regeln geführt, die uns sagen, wann wir welche Pflanzen sammeln sollten, um in den optimalen Genuss ihrer Wirkung zu kommen.

Wir setzen verschiedene Teile der Pflanzen zur Heilung ein, und aufgrund des Wissens über die unterschiedlichen Mondimpulse – je nach Phase und Tierkreiszeichen – können wir dies auch sehr gezielt tun. Wenn wir z. B. die Blätter einer Pflanze verwenden wollen, ernten wir sie bei zunehmendem Mond an einem Blatttag (Krebs, Skorpion, Fische), da sich dann die Energien des Mondes auf die Blätter einer Pflanze konzentrieren und damit die Heilkraft in den Blättern besonders intensiv ist.

Die günstigste Tageszeit hängt davon ab, ob die Pflanzen das Sonnenlicht vertragen oder nicht – am meisten betrifft dies die Wurzeln, da diese kein Sonnenlicht abbekommen sollen. Man gräbt sie nachts bei Vollmond aus, da sie so vor Sonnenlicht geschützt sind und außerdem von den besonders starken Energien des Vollmondes profitieren.

Der richtige Erntezeitpunkt

Generell sollte man beachten, dass nur Pflanzen gesammelt und angewendet werden, die man wirklich kennt und deren Wirkung nachgewiesen ist. Im Zweifelsfall sollte man sich mit einem Arzt für Naturheilkunde oder einem Apotheker beraten. Es versteht sich, dass Heilpflanzen, die unter

Natur- oder Artenschutz stehen, nicht gesammelt werden; einige dieser Pflanzen werden auch angebaut und können in der Apotheke erworben werden.

Um zu vermeiden, dass Schad- oder Fremdstoffe die Wirkung beeinträchtigen oder gar ins Gegenteil verkehren, sollte man Heilkräuter nicht in der Nähe stark befahrener Straßen oder auf gedüngten Wiesen bzw. Feldern sammeln. Auch sollte man nie mehr von den Kräutern ernten als man für den Gebrauch in der nächsten Zeit benötigt. Heilkräuter verlieren ihre Wirkung nach einiger Zeit – länger als ein Jahr sollte man sie nicht aufbewahren.

Wurzeln sammeln bzw. ernten

Bei Vollmond an einem Steinbock- oder Jungfrautag (vor Sonnenaufgang oder nach Sonnenuntergang) gesammelt, entfalten sie ihre stärkste Heilwirkung. Kann man diesen optimalen Zeitpunkt nicht einhalten, sollte man die Wurzeln bei abnehmendem Mond bzw. Neumond an einem Steinbock- oder Jungfrautag ausgraben.

Weniger günstig ist es bei zunehmendem Mond (auch in den Nächten); ganz ungünstig bei zunehmendem Mond an allen Krebstagen.

Blüten sammeln bzw. ernten

Sehr günstig ist es, blühende Kräuter bei zunehmendem Mond am späten Vormittag eines Blütentags (Zwillinge, Waage, Wassermann) zu sammeln. Auch bei Vollmond an einem Blütentag ist es noch günstig,

Bei abnehmendem Mond sollte man Blüten nicht sammeln, auf keinen Fall an einem Blatttag (Krebs, Skorpion, Fische) in dieser Mondphase.

Blätter sammeln bzw. ernten

Wenn man die Blätter heilkräftiger Pflanzen sammeln bzw. ernten will, sollte man dies bei zunehmendem Mond an einem Skorpiontag tun. Günstig sind auch noch Krebs- oder Fischetage, ebenfalls bei zunehmendem Mond. Weniger günstig ist es bei abnehmendem Mond, ganz ungünstig bei abnehmendem Mond an einem Wurzeltag (Stier, Jungfrau, Steinbock).

Bei den Blattkräutern gibt es eine wichtige Ausnahme: Brennnesseln (zur Blutreinigung) sammelt man besser bei abnehmendem Mond, besonders günstig an einem Skorpiontag.

Früchte und Samen sammeln bzw. ernten

Hier gibt es – je nach Verwendungszweck – zwei in etwa gleichwertige Optionen: bei abnehmendem Mond an Fruchttagen (Widder, Löwe, Schütze), wenn man die Früchte bzw. Samen aufbewahren will; bei zunehmendem Mond an Fruchttagen (Widder, Löwe, Schütze), wenn man die Früchte bzw. Samen sofort verwenden will.

Weniger günstig ist es, Früchte oder Samen bei Vollmond bzw. an Steinbock-, Krebs-, Jungfrau- und Fischetagen zu sammeln bzw. zu ernten.

Trocknen und abfüllen

Kräuter bzw. Pflanzenteile werden möglichst an der Luft, aber nicht in praller Sonne getrocknet. Sehr günstig ist dafür die Zeit des abnehmenden Mondes, weniger geeignet die des zunehmenden Mondes. Vollmondlicht sollten die trocknenden Kräuter nicht ausgesetzt werden. Zum Aufbewahren werden die getrockneten Kräuter in Papiertüten, besser noch in dunkle Gläser abgefüllt – Metall- oder Plastikbehälter sind weniger geeignet. Das Abfüllen sollte ebenfalls bei abnehmendem Mond vorgenommen werden, möglichst nicht bei zunehmendem Mond, keineswegs aber an einem Vollmondtag.

Kräutersalben herstellen und abfüllen

Wer Salben und Tinkturen selbst anrühren will, sollte dies bevorzugt bei aufsteigendem Mond (Schütze, Steinbock, Wassermann, Fische, Widder, Stier) tun, auch an Vollmondtagen ist dies noch günstig. Weniger empfehlenswert sind Krebs- und Jungfrautage, denn dann wird die Haltbarkeit deutlich geringer sein.

Das Abfüllen sollte in jedem Fall bei abnehmendem Mond erfolgen.

Kräuterkissen herstellen

Die Leinensäckchen mit verschiedenen Kräutermischungen sind in der Naturheilkunde sehr beliebt. Man kann sie ins Bad geben oder ihre heilende und entspannende Wirkung nachts unter dem Kopfkissen genießen. Die Kräuter sollten auf jeden Fall bei abnehmendem Mond, bevorzugt an Blütentagen (Zwillinge, Waage, Wassermann), eingefüllt werden, aber nicht, wenn der Mond gerade zunimmt.

Der Mond als Hilfe im Haushalt

Glaubt man der Werbung, so steht die Hausfrau (oder der Hausmann) im Mittelpunkt der Bemühungen all der unzähligen Hersteller von Putz-, Reinigungs-, und sonstigen Hilfsmitteln für Haus und Wohnung. Jede Menge Chemikalien werden angepriesen, um jene makellose Sauberkeit und den strahlenden Glanz zu erzeugen, die unbedingt erforderlich scheinen, damit sich die Familie in ihren vier Wänden wohl fühlt. Doch es geht auch ohne ständig neue Weißmacher, die unsere Umwelt belasten. Wenn Sie sich hin und wieder nach dem Mond richten, geht vieles leichter und besser von der Hand. Versuchen Sie es, und Sie werden überrascht sein.

Putzen und waschen

Eine Grundregel – die übrigens für fast alle Hausarbeiten gilt – besagt, dass sich Reinigungsarbeiten leichter und erfolgreicher bei abnehmendem Mond erledigen lassen, denn bei diesen Tätigkeiten soll ja der Schmutz aus den Materialien entzogen werden. Führt man diese Arbeiten zum richtigen Zeitpunkt aus, dann benötigt man weniger Reinigungsmittel und muss auch nicht so viel Körperkraft aufwenden als zu einem eher ungünstigen Termin.

Chemische Reinigung

Bei abnehmendem Mond, aber nicht an einem Steinbocktag, werden empfindliche Textilien und Leder gut und dabei schonend gereinigt. Weniger günstig ist es, Kleidung bei zunehmendem Mond in die chemische Reinigung zu geben. Ungünstig ist in jedem Fall ein Steinbocktag, weil dann die Gefahr besteht, dass die Oberfläche der Kleidungsstücke einen unerwünschten Glanz bekommen.

Übrigens: Zum Imprägnieren von Textilien wählt man am besten einen Termin, an dem der abnehmende Mond in einem Luftzeichen (Zwillinge, Waage, Wassermann) steht. Völlig ungünstig wäre der zunehmende Mond in Krebs oder Löwe.

Fenster putzen

Wenn Sie Ihre Fenster bei abnehmendem Mond an einem Luft- oder Feuertag (Zwillinge, Waage, Wassermann, Widder, Löwe, Schütze) putzen, werden sie streifenfrei sauber, auch wenn Sie nur klares Wasser (vielleicht mit einem Spritzer Spiritus) anwenden. Weniger günstig ist es, die Fenster bei zunehmendem Mond zu putzen, ganz ungünstig ist es bei zunehmendem Mond an einem Wassertag (Krebs, Skorpion, Fische).

Dasselbe gilt übrigens auch für die Reinigung von Spiegeln sowie Fernseh- und Computerbildschirmen.

Fensterrahmen reinigen

Am besten erledigt man diese Arbeit bei abnehmendem Mond an einem Wassertag (Krebs, Skorpion, Fische). Hinterher das Holz gut abtrocknen! Ungünstig ist es, die Fensterrahmen bei zunehmendem Mond – besonders an einem Feuertag (Widder, Löwe, Schütze) – zu säubern.

Flecken entfernen

Auch die Behandlung von hartnäckigen Flecken gelingt bei abnehmendem Mond – vor allem an einem Wassertag (Krebs, Skorpion, Fische) – deutlich besser als bei zunehmendem Mond.

Übrigens: Auch das Entfärben bzw. Abbeizen gelingt am besten bei abnehmendem Mond; weniger gut ist das Ergebnis bei zunehmendem Mond – vor allem an einem Löwetag.

Großer Hausputz

Wenigstens einmal im Jahr, meist im Frühjahr, kommt man nicht um das große Reinemachen herum. Am besten ist es, wenn man dafür einen Zeitpunkt wählt, an dem der abnehmende Mond in einem Luftzeichen (Zwillinge, Waage, Wassermann) steht – am günstigsten erscheinen dabei die Wassermanntage. Weniger günstig für den Hausputz ist die Zeit des zunehmenden Mondes, ganz ungünstig sind die Erdtage (Stier, Jungfrau, Steinbock) bei zunehmendem Mond.

Holz- und Parkettböden feucht reinigen

Eine besonders gründliche Reinigungswirkung erreicht man, wenn Dielen oder Parkett bei abnehmendem Mond an Luft- oder Feuertagen (Zwillinge, Waage, Wassermann, Widder, Löwe, Schütze) gewischt wird. Wassertage (Krebs, Skorpion, Fische) sind auch bei abnehmendem Mond weniger günstig, weil das Holz länger feucht bleibt. Bei zunehmendem Mond sollte man nach dem Wischen gut nachtrocknen, damit das Holz nicht zu viel Nässe aufnimmt. An Wassertagen bei zunehmenden Mond ist es besser, die Fußböden nur trocken zu reinigen, also zu kehren oder zu saugen.

Metalle (Kupfer, Messing, Silber) reinigen

Bei abnehmendem Mond – vor allem an Lufttagen (Zwillinge, Waage, Wassermann) – sind diese Reinigungsarbeiten höchst erfolgversprechend. Weniger günstig ist die Zeit des zunehmenden Mondes, ganz ungünstig sind Wassertage (Krebs, Skorpion, Fische) bei zunehmendem Mond.

Schimmel und Feuchtigkeit beseitigen

Wenn sich trotz guter Belüftung an bestimmten Stellen immer wieder Feuchtigkeit niederschlägt oder gar Schimmel bildet, sollte man die Ursachen durch einen Fachmann klären und beheben lassen. Für die Beseitigung von Schimmel und Feuchtigkeit eignen sich die Lufttage (Zwillinge, Waage, Wassermann) sowie ein Widdertag bei abnehmendem Mond besonders gut. Dabei ist es umso besser, je näher der Termin zum Neumond ist. Vermeiden sollte man – auch bei abnehmendem Mond – unbedingt die Wassertage (Krebs, Skorpion und Fische). Der zunehmende Mond ist für diese Reinigungsarbeit nicht günstig, ganz ungünstig sind die Wassertage während dieser Mondphase.

Schuhe putzen

Man wird kaum auf den abnehmenden Mond warten können, bis die verschmutzten oder durchnässten Schuhe gereinigt und gepflegt werden können. Doch ist es sehr günstig, diese Arbeiten bei abnehmendem Mond an Lufttagen (Zwillinge, Waage, Wassermann) durchzuführen. Zumindest bei ganz neuen und auch bei sehr stark verschmutzten Schuhen sollte man sich daran halten. Auch wenn die Schuhe einer Saison vor dem Wegstellen noch einmal gründlich gepflegt werden, ist dieser Zeitpunkt zu empfehlen. Weniger günstig ist die Schuhpflege bei zunehmendem Mond; wenn der zunehmende Mond in einem Wasserzeichen (Krebs, Skorpion, Fische) steht, ist sie ungünstig.

Übrigens: Es hat sich gezeigt, dass man Schuhe möglichst nicht an Steinbock- oder Wassermanntagen kaufen sollte; sie bleiben häufig hart (Steinbock) oder weiten sich zu stark (Wassermann).

Speisekammer reinigen

Es versteht sich von selbst, dass dieser Vorratsraum besonderer Aufmerksamkeit bedarf. Man reinigt am besten bei abnehmendem Mond (kurz vor Neumond) an einem Luft- oder Feuertag (Zwillinge, Waage, Wassermann, Widder, Löwe, Schütze).

Weniger erfolgversprechend ist die Reinigung bei zunehmendem Mond an Wassertagen (Krebs, Skorpion, Fische); wenn diese Wassertage sogar kurz vor Vollmond liegen, ist sie ungünstig.

Staub wischen

Dazu besteht eigentlich immer eine Notwendigkeit. Trotzdem sollte man wissen, dass die Staubbeseitigung bei abnehmendem Mond an Erdtagen (Stier, Jungfrau, Steinbock) besonders gut gelingt. Auch an allen anderen Tagen des abnehmenden Mondes geht das Staubwischen flott von der Hand. Weniger günstig ist es bei zunehmendem Mond; an Lufttagen (Zwillinge, Waage, Wassermann) während dieser Mondphase sollte man es lieber lassen, da dann der Staub eher aufgewirbelt und verbreitet wird.

Wäsche waschen

Wenn Sie es sich einteilen können, sollten Sie (zumindest die »große«) Wäsche immer bei abnehmendem Mond waschen – am besten an einem Wassertag (Krebs, Skorpion, Fische), aber nie an einem Feuertag (Widder, Löwe, Schütze). Der Reinigungseffekt ist deutlich erhöht, der Waschmittelbedarf geringer. Die Zeit des zunehmenden Mondes ist deutlich ungünstiger, auch die Wassertage in dieser Mondphase bringen kaum Vorteile. Bei Vollmond sollte man keinen Waschtag einlegen.

Übrigens: Wenn Sie Ihre Wäsche auf natürliche Weise bleichen wollen, sollten Sie diese an einem Lufttag (Zwillinge, Waage, Wassermann) bei zunehmendem Mond (möglichst nahe dem Vollmond) auslegen.

Richtiges Lüften

Kaum etwas anderes ist für Gesundheit und Hygiene so wichtig wie das richtige Lüften von Wohnräumen, aber auch von Betten, Matratzen und Kleidungsstücken. Leider wird aber gerade auch dabei sehr viel falsch gemacht. Oft wird durch zu langes Lüften wertvolle Wärme ins Freie transportiert, und oft wird so kurz gelüftet, dass ein Luftaustausch nicht oder nur sehr begrenzt möglich ist. Vor allem aber: Kaum einer hält sich an die richtige Zeitpunkte, die uns der Mond zeigt.

Betten und Matratzen auslüften

Das ist an allen Lufttagen (Zwillinge, Waage, Wassermann) – aber ganz besonders, wenn der Mond gerade abnimmt – zu empfehlen. Weniger günstig ist es bei zunehmendem Mond an Skorpion- und Fischetagen, ganz ungünstig ist es bei zunehmendem Mond an Krebstagen, weil dann Feuchtigkeit in das Bettzeug zieht.

Kellerräume lüften

Das sollte man regelmäßig durchführen, vor allem dann, wenn der Keller auch als Vorratsraum dient oder dort Textilien bzw. Bücher aufbewahrt werden. Bei abnehmendem Mond (kurz vor Neumond) – besonders an einem Luft- oder Feuertag (Zwillinge, Waage, Wassermann, Widder, Löwe, Schütze) – kann man ausführlich durchlüften. Weniger günstig ist das bei zunehmendem Mond an Wassertagen (Krebs, Skorpion, Fische); wenn diese Wassertage sogar kurz vor Vollmond liegen, ist es ungünstig.

Kleiderschränke und Wohnräume lüften

Bei abnehmendem Mond an Luft- und Feuertagen (Zwillinge, Waage, Wassermann, Widder, Löwe, Schütze) sollte man länger lüften. An diesen Tagen ist die Luft meist trocken und verhältnismäßig warm.

Bei abnehmendem Mond an Wassertagen (Krebs, Skorpion, Fische) sowie bei zunehmendem Mond an Erdtagen (Stier, Jungfrau, Steinbock) empfiehlt es sich, nicht zu lange zu lüften. Die Außenluft ist an diesen Tagen eher kühl und feucht. Bei zunehmendem Mond an Wassertagen ist es angebracht, nur kurz zu lüften, weil die Außenluft häufig einen sehr hohen Feuchtigkeitsgehalt aufweist.

Zimmer- und Balkonpflanzen pflegen

Schaffen Sie sich ein Pflanzenparadies in der Wohnung oder eine grüne Oase auf dem Balkon! Wählen Sie Blumen, die zur Atmosphäre Ihrer Räume oder zur Lage Ihres Balkons gut passen.

Für den Umgang mit Zimmer- und Balkonpflanzen gelten im Prinzip dieselben Mondregeln wie im Garten (siehe deshalb auch »Erfolgreich gärtnern mit dem Mond« ab Seite 90). Hier soll nur kurz auf einige Besonderheiten hingewiesen werden, deren Beachtung hilfreich sein kann.

Der Zimmergarten

Das Neupflanzen und auch das Umtopfen werden am besten an einem Jungfrautag bei zunehmendem Mond vorgenommen, weil die Pflanzen dann schneller und besser anwurzeln.

Ableger wurzeln im Herbst besser an, wenn man sie an einem Jungfrautag bei abnehmendem Mond steckt.

Düngen sollten Sie – je nach Nährstoffbedarf – während der Wachstumsphase wöchentlich bis 14-tägig. Pflanzen, die in geheizten Räumen überwintern, brauchen auch in dieser Zeit Nährstoffe; allerdings reicht etwa alle vier Wochen eine schwache Düngung. Zimmerpflanzen, die nur schwach wurzeln, können zwischendurch bei abnehmendem Mond an Wurzeltagen gedüngt werden. Blütenpflanzen, die nicht mehr blühen wollen, sollten eventuell eine zusätzliche Nährstoffgabe an einem Blütentag (Zwillinge, Waage Wassermann) erhalten.

Balkon und Terrasse

Balkonpflanzen müssen besonders sorgsam gepflegt werden. Denn sie sind der Witterung stärker ausgeliefert als Blumen im Garten und haben im Blumenkasten weniger Platz für die Entfaltung ihrer Wurzeln sowie ein eingeschränkteres Nährstoffangebot.

Damit Sie sich auch im Winter am Anblick Ihres Minigartens erfreuen können, pflanzen Sie ein paar immergrüne Pflanzen. Hier bieten sich Buchsbaum, veschiedene Zypressenarten oder Zwergkiefern an.

Besonders wichtig ist gute Erde, die mit Kompost und Hornspänen noch verbessert werden kann, und eine ausreichende Wasserversorgung! Bei den Blumentöpfen oder -kästen sollten Sie Terrakotta bevorzugen und unbedingt auf Abzugslöcher am Topfboden achten, damit sich das Wasser dort nicht stauen und die Wurzeln zum Faulen bringen kann.

Achten Sie darauf, dass Begonien nicht zu viel Sonnen- und Mondlicht bekommen und dass Geranien bei Neumond zurückgeschnitten werden sowie im Winter einen hellen Standort haben.

Zimmer- und Balkonpflanzen pflanzen bzw. umtopfen

Die günstigste Zeit dafür ist bei zunehmendem Mond an einem Jungfrautag. Weniger günstig ist das Pflanzen bzw. Umpflanzen bei abnehmendem Mond an Feuertagen (Widder, Löwe, Schütze); ganz ungünstig ist es bei Neumond.

Zimmer- und Balkonpflanzen gießen

Hier wird oft des Guten zu viel getan, viele Pflanzen »ertrinken« geradezu im Gießwasser. Deshalb sollte man – wenn irgend möglich – nur an den Wassertagen (Krebs, Skorpion, Fische) gießen. Bei abnehmendem Mond wird das Wasser von den Wurzeln übrigens besonders gut aufgenommen. An Lufttagen (Zwillinge, Waage, Wassermann) soll nicht gegossen werden, da sich sonst ganz besonders gerne Schädlinge auf den Pflanzen breit machen.

Zimmer- und Balkonpflanzen düngen

Auch hier sollte man eher zurückhaltend sein und die Vegetations- sowie Wachstumsphasen der Pflanzen beachten. Sehr günstig ist es, wenn man bei Vollmond an Blatttagen (Krebs, Skorpion, Fische) oder bei abnehmendem Mond an Blütentagen (Zwillinge, Waage, Wassermann) bzw. Wurzeltagen (Stier, Jungfrau, Steinbock) düngt. Dann werden die Nährstoffe gut aufgenommen und optimal verwertet. Weniger günstig ist das Düngen bei zunehmendem Mond; nicht zu empfehlen ist es bei zunehmendem Mond an Fruchttagen (Widder, Löwe, Schütze).

Konservieren und einlagern

Das Konservieren und Einlagern von Lebensmitteln geschieht am besten bei aufsteigendem Mond (Schütze, Steinbock, Wassermann, Fische, Widder, Stier). Diese Aktivität ist zwar auch von der Mondphase beeinflusst, mehr aber noch von dem Tierkreiszeichen, das der Mond gerade durchwandert. In engem Zusammenhang damit stehen die Erntetermine.

Nicht begünstigt für das Ernten, Lagern und Konservieren sind Jungfrau- und Krebstage. Egal, was Sie einkochen wollen, diese Tage sind möglichst zu meiden, denn das Gemüse oder die Früchte schimmeln leicht. Auch Fischetage sind nicht besonders günstig, trotz des aufsteigenden Mondes. An diesen Tagen eingekochtes Obst und Gemüse wird leicht faulig.

Vorräte einlagern, allgemein

Das Einlagern ist bei abnehmendem Mond an einem Feuertag (Widder, Löwe, Schütze) sehr günstig und bei abnehmendem Mond in Stier, Zwillinge, Waage, Steinbock und Wassermann günstig.

Weniger günstig ist es bei zunehmendem Mond – bei zunehmendem Mond in den Zeichen Krebs, Skorpion, Fische und Jungfrau sogar ungünstig.

Einfrieren von Fruchtgemüse und Obst

Das Einfrieren ist an einem Fruchttag (Widder, Löwe, Schütze) sehr und an einem Skorpion- oder Fischetag weniger günstig. An einem Krebs- oder Jungfrautag ist es überhaupt nicht zu empfehlen.

Einkochen von Früchten

Obst sollte man an einem Fruchttag (Widder, Löwe, Schütze), am besten bei zunehmendem Mond, einkochen. Die Früchte bleiben dann saftig und bewahren ihr Aroma. Die Konserven sind auch ohne Konservierungsmittel lange haltbar.

Nicht so gut geeignet sind Wurzel- und Blütentage (Stier, Jungfrau, Steinbock, Zwillinge, Waage, Wassermann) bei abnehmendem Mond. Blatttage (Krebs, Skorpion, Fische) bei abnehmendem Mond sind erfahrungsgenäß überhaupt nicht geeignet. Das Eingemachte schmeckt dann eher fade, und die Haltbarkeit ist auch sehr begrenzt.

Einkochen von Wurzelgemüse

Das Einkochen ist an allen Stier- und Steinbocktag günstig, äußerst empfehlenswert ist es, wenn der Mond während dieser Tage abnimmt. Bei zunehmendem Mond ist es weniger günstig und an den Krebs-, Fische- und Jungfrautagen während dieser Mondphase sogar ungünstig.

Sauerkraut ansetzen

Dieses sehr gesunde Gemüseprodukt aus gehobeltem und eingelegtem Weißkohl bereiten Sie am besten bei abnehmendem Mond im Steinbock zu. Möglich ist das auch bei aufsteigendem Mond (Schütze, Steinbock, Wassermann, Fische, Widder, Stier).

Weniger günstig ist die Zubereitung bei zunehmendem Mond und ganz ungünstig bei absteigendem Mond (Zwillinge, Krebs, Löwe, Jungfrau, Waage, Skorpion).

Weitere Tätigkeiten in Haushalt und Wohnung

Es gibt noch eine Reihe anderer Arbeiten, die man im Einklang mit dem Mond leichter und besser erledigen kann, wenn man den richtigen Zeitpunkt kennt. Es lohnt sich bestimmt, wenn Sie das Folgende einmal unter diesem Gesichtspunkt erproben.

Anheizen im Herbst

Wenn die Heizanlage während des Sommers nicht in Betrieb war, kann es beim ersten Anheizen während des Herbsts manchmal ganz schön im Haus qualmen, bevor der Schornstein wieder raucht. Das ist zu vermeiden, wenn man den Anheiztermin auf einen Feuertag (Widder, Löwe, Schütze) bei abnehmendem Mond legt. Ungünstig wäre dagegen der zunehmende Mond in einem Erdzeichen (Stier, Jungfrau, Steinbock).

Brot und Kuchen backen

Dass selbst gebackenes Brot gesund ist und herrlich schmeckt, wissen immer mehr Menschen zu schätzen. Sie sollten beachten, dass Luft- (Zwillinge, Waage, Wassermann) und Feuertage (Widder, Löwe, Schütze) für das Brotbacken besonders geeignet sind. Der Teig treibt übrigens bei abnehmendem Mond etwas weniger, dafür hält sich das Brot länger frisch. Kuchen und süßes Kleingebäck gelingt sehr gut an Luft- und Feuertagen bei zunehmendem Mond – das Gebackene wird schön locker.

Keine guten Backtage sind die Wassertage (Krebs, Skorpion, Fische), weil der Teig dann eher zusammenfällt und »matschig« wird. Und an Neumondtagen geht der Teig nicht richtig auf!

Braten mit Fett

Vorsicht an Feuertagen (Widder, Löwe, Schütze)! Das Fett wird an diesen Tagen besonders heiß. Bei Unachtsamkeit besteht dann erhöhte Brandgefahr.

Wäsche bügeln

Bei abnehmendem Mond gebügelte Wäsche wird leichter glatt und faltenfrei als solche, die man bei zunehmendem Mond bearbeitet. Man sagt auch, dass an Steinbocktagen gewaschene Kleidungsstücke besonders faltenreich sind und sich dementsprechend mühsamer glätten lassen. Unerwünschten Glanz kann man beim Bügeln übrigens vermeiden, wenn man an Steinbocktagen ganz auf diese Art der Wäschepflege verzichtet.

Butter zubereiten

An Feuertagen (Widder, Löwe, Schütze) zubereitete Butter wird zart in der Konsistenz und kernig im Geschmack. Auch Lufttage

(Zwillinge, Waage, Wassermann) sind für diese Arbeit geeignet. Weniger günstig ist es an Erdtagen (Stier, Jungfrau, Steinbock).

An Wassertagen (Krebs, Skorpion, Fische), noch dazu bei zunehmendem Mond zubereitete Butter wird wässrig und schmeckt nicht besonders gut.

Garderobe einlagern

Damit die luftigen Sommerkleider gut über den Winter kommen und die Wintergarderobe während der warmen Jahreszeit nicht stockt, sollte man die Sachen immer bei abnehmendem Mond, vorzugsweise an Lufttagen (Zwillinge, Waage, Wassermann), verstauen. Weniger günstig wäre es bei zunehmendem Mond; ganz ungeeignet sind Wassertage (Krebs, Skorpion, Fische) bei zunehmendem Mond.

Kleinreparaturen

Es gibt Leute, die auch bei kleineren Reparaturen im Haus oder von Geräten auf den Mondeinfluss setzen. Jungfrau- und Wassermanntage bei abnehmendem Mond sind ihre bevorzugten Termine, an denen alles besser gelingen soll.

Übrigens: Autoreparaturen sollte man bevorzugt an Stier-, Löwe-, Skorpion- und Wassermanntagen bei abnehmendem Mond durchführen lassen, also unter dem Regime der fixen Tierkreiszeichen (siehe Seite 46).

Streich- und Lackierarbeiten

Sehr günstig sind diese Arbeiten bei abnehmendem Mond an Lufttagen (Zwillinge, Waage, Wassermann), günstig bei abnehmendem Mond an Erdtagen (Stier, Jungfrau, Steinbock). Nicht so gut gelingen sie an Wasser- (Krebs, Skorpion, Fische) und Feuertagen (Widder, Löwe, Schütze); bei zunehmendem Mond an einem Wassertag sollte man überhaupt nicht streichen oder lackieren.

Bauen und heimwerken mit dem Mond

Mit dem Bauen ist das so eine Sache. Einerseits soll ein Haus am besten Jahrhunderte überdauern, andererseits soll alles möglichst schnell fertig werden. Wer es sich leisten kann, sollte versuchen, einen Mittelweg zu finden, der einerseits vom enormen Termindruck befreit und andererseits die Mondregeln berücksichtigt, die gerade beim Bauen sehr wichtig sind.

> ### Die Grundregel:
>
> Das Zusammenfügen von verschiedenen Materialien – also von Baustoffen, Einbauten, Farben und dergleichen – sollte immer bei abnehmendem Mond erfolgen.

Diese Regel, die beinahe alle Tätigkeiten auf dem Bau, aber auch viele Bereiche des Heimwerkens betrifft, bezieht sich vor allem auf die Verwendung natürlicher und naturnaher Materialien, wie sie heute von immer mehr Menschen bevorzugt werden. Wird sie konsequent angewendet, so wie das früher hauptsächlich auf dem Lande geschah, kann man darauf vertrauen, dass die so errichteten Bauwerke stabil, trocken und sehr dauerhaft sind. Noch heute finden wir beispielsweise Holzhäuser aus vergangenen Zeiten, die so manchen Betonbau der Gegenwart überleben werden.

Der Hausbau
Meist beginnt der Bau mit dem Ausheben der Baugrube, die später das Fundament und die Kellerräume beherbergt. Dabei kommt es darauf an, möglichst trocken zu arbeiten, um das Gebäude von Anfang an vor Nässe zu schützen. Damit das gelingt, sollte man die nachfolgenden Tipps möglichst berücksichtigen.

Erdaushub (z. B. für das Fundament)

Diese Arbeit sollte bei abnehmendem Mond, aber nicht an Wassertagen (Krebs, Skorpion, Fische) durchgeführt werden. Die Baugrube bleibt dann trocken; auch nach stärkeren Regenfällen wird sie schneller wieder trocken.

Weniger günstig ist es bei zunehmendem Mond; auf keinen Fall sollte man die Baugrube an Wassertagen bei zunehmendem Mond ausheben. Das Grundwasser strömt sonst nämlich leicht in die Baugrube und kann später ins Fundament eindringen.

Erdaushub mit sofortiger Drainage

In manchen Fällen ist es allerdings auch sinnvoll, die Baugrube gerade bei zunehmendem Mond an Wassertagen (Krebs, Skorpion, Fische) auszuheben. In diesem Fall kann man die reale Wassersituation recht schnell erkennen und die Ableitungsmaßnahmen ausreichend auslegen. Die Drainage muss dann allerdings baldmöglichst folgen, damit die Nässe den Bau nicht beeinträchtigt.

Drainage (Wasserableitung)

Die Drainagerohre sollten unbedingt bei zunehmendem Mond, am besten an Wassertagen (Krebs, Skorpion, Fische) verlegt werden. Möglich, aber weniger günstig ist das auch bei zunehmendem Mond, wenn der Mond nicht in einem Wasserzeichen steht. Bei abnehmendem Mond durchgeführte Drainagearbeiten sind oft wenig erfolgreich. Das Wasser zieht dann nämlich rasch in die Erde ein und meidet die vorgesehene Ableitung, die rasch versanden kann.

Dazu noch ein Tipp: Wenn das Drainagesystem mit Spülrohren ausgestattet wurde (was sehr zu empfehlen ist), kann man die Drainage hin und wieder mit Wasser durchspülen, um Sandablagerungen zu beseitigen. Der richtige Zeitpunkt dafür ist der abnehmende Mond an einem Wassertag (Krebs, Skorpion, Fische).

Beton und Estrich gießen

Auch bei diesen Arbeiten ist es wichtig, darauf zu achten, dass der Mond gerade abnimmt. Ideal wäre es, wenn er noch dazu in einem der Erdzeichen (Stier, Jungfrau, Steinbock) stünde. Dann trocknet das Material gleichmäßig und verbindet sich gut mit dem Untergrund. Die Rissbildung ist daher sehr gering.

Weniger günstig sind Löwetage, auch bei abnehmendem Mond. An Löwetagen trocknet der Beton zu rasch, und starke Rissbildung kann die Folge sein.

Bei zunehmendem Mond sollte man Beton und Estrich möglichst nicht verarbeiten – und schon gar nicht bei Vollmond, besonders wenn der im Löwen steht. Bei Vollmond ergibt sich keine gute Verbindung zum Untergrund und zu anderen Flächen.

Putzmörtel aufbringen bzw. ausbessern

Auch das Verputzen von Fassaden und Wänden gelingt bei abnehmendem Mond besser (mit Ausnahme der Krebstage). Der Putz haftet dann gut und dauerhaft. Außerdem fügt sich neuer Putz besser an vorhandenen an.

Weniger günstig ist diese Arbeit bei zunehmendem Mond, aber auch abnehmendem Mond im Krebs sowie bei Vollmond. Bei zunehmendem Mond an Krebs- und Löwetagen sollte man möglichst und bei Vollmond in Krebs bzw. Löwe unbedingt auf das Verputzen verzichten. Der an diesen Tagen aufgebrachte oder ausgebesserte Putz haftet schlecht und trocknet zu langsam (Krebs) bzw. bildet Risse (Löwe).

Hausfassade (Putz) tünchen

Auch dafür wählt man den abnehmenden Mond: Ideal sind Luft- oder Feuertage (Zwillinge, Waage, Wassermann, Widder, Löwe, Schütze), günstig sind Erdtage (Stier, Jungfrau, Steinbock). Die Fassadenfarbe verbindet sich dann gut mit dem Untergrund und trocknet zudem recht rasch.

Weniger erfolgreich ist man bei abnehmendem Mond an einem Wassertag (Krebs, Skorpion, Fische), aber auch bei zunehmendem Mond allgemein. Wenn es geht, sollte man das Tünchen bei zunehmendem Mond in einem Wasserzeichen unterlassen. Die Farbe haftet dann nicht so gut und trocknet auch schwer.

Dachstuhl fertigen und aufrichten

Bei abnehmendem Mond an einem Steinbocktag kann man diese Arbeit am erfolgreichsten verrichten. Das Holz arbeitet dann nicht so stark, und der Dachstuhl bleibt »ruhig«. Günstig ist es auch noch bei abnehmendem Mond generell, aber nicht in Krebs, Löwe oder Schütze.

Weniger günstig ist es bei zunehmendem Mond, aber auch abnehmendem Mond in Krebs, Löwe oder Schütze. Bei zunehmendem Mond in Krebs, Löwe oder Schütze sowie bei Vollmond ist von dieser Arbeit ganz abzuraten: Das Holz reißt leichter, arbeitet stärker und kann sich verziehen.

Stroh- oder Schindeldach eindecken

Dafür ist ein Termin bei abnehmendem Mond der richtige Zeitpunkt, besonders an Zwillinge-, Waage- und Wassermanntagen. Der zunehmende Mond ist weniger günstig, besonders an den Feuertagen (Widder, Löwe, Schütze).

Übrigens: Auch Dachrinnen reinigt man am besten bei abnehmendem Mond. Das Tierkreiszeichen spielt hier keine wesentliche Rolle.

Ziegeldach eindecken, ausbessern, reinigen

Das Eindecken führt man bei abnehmendem Mond durch, vermeidet neben Wassertagen aber auch Feuertage, weil sonst der Dachbelag zu stark austrocknet und später reißen kann. Am günstigsten sind die Steinbocktage! Bei zunehmendem Mond ist diese Arbeit grundsätzlich nicht begünstigt, ganz ungünstig ist es, sie bei zunehmendem Mond an Wassertagen (Krebs, Skorpion, Fische) durchzuführen.

Muss man ein Ziegeldach ausbessern, wählt man ebenfalls den abnehmenden Mond, vermeidet aber möglichst einen Krebstag. Bei zunehmendem Mond ist diese Arbeit weniger günstig, bei zunehmendem Mond im Krebs sogar ungünstig.

Soll ein Ziegeldach gereinigt werden, geschieht das am besten bei abnehmendem Mond, idealerweise an einem Steinbocktag. Alle Krebstage sollte man besser meiden!

Weitere Arbeiten am und im Haus

Es gibt noch eine Reihe weiterer Arbeiten rund um Haus und Grundstück, die man mit Kenntnis der Mondregeln leichter und effektiver erledigen kann – die notwendige Fach- und Sachkenntnis natürlich vorausgesetzt.

Fenster verglasen und einsetzen

Sehr oft sieht man, dass Fenster beschlagen und trübe sind. Das hängt nicht unbedingt mit mangelnder Lüftung zusammen, sondern ist meist darauf zurückzuführen, dass die Fenster zum falschen Zeitpunkt verglast und eingebaut wurden. Wenn es sich um Fenster mit Holzrahmen handelt, sollten deshalb Verglasung und Einbau möglichst an Zwillinge- oder Wassermanntagen vorgenommen werden. Generell ist auch die Zeit des abnehmenden Mondes geeignet, doch dann sollten die Wassertage (Krebs, Skorpion, Fische) unbedingt gemieden werden.

Werden Fenster bei zunehmendem Mond – vielleicht sogar an den Wassertagen – oder an Vollmond verglast und eingebaut, muss man damit rechnen, dass die Scheiben beschlagen und die Rahmen sich bald verziehen und morsch werden.

Fußbodenbeläge verlegen

Die Beläge liegen glatt und fest auf dem Untergrund (kein Wölben bei schwankender Luftfeuchtigkeit), und der Kleber hält besser, wenn man die Beläge bei abnehmendem Mond aufbringt.

Weniger günstig ist es bei zunehmendem Mond, ganz ungünstig bei Vollmond. Die Beläge wölben sich dann leichter, bilden Falten, und der Kleber hält nicht gut.

Holzdielen und -decken verlegen

Damit die Einbauten sicher und dauerhaft sind, sollte man unbedingt darauf achten, dass beim Verlegen abnehmender Mond herrscht: Besonders günstig sind Steinbocktage – fester Sitz und geringe Fäulnisgefahr sind dann sicher. Weniger geeignet sind Krebs-, Löwe- oder Schützetage während dieser Phase und die Zeit des zunehmenden Mondes.

Vorsicht! Bei zunehmendem Mond in Krebs, Löwe oder Schütze sowie bei Vollmond verlegt, arbeitet das Holz wesentlich stärker, die Böden knarren und werden bald morsch.

Diese Regeln sollte man übrigens auch bei Fertigung und Einbau von Holztüren und Treppen (egal ob aus Holz oder aus Stein) berücksichtigen.

Installation von Wasser- und Heizanlagen

Obwohl bei diesen Arbeiten der Mond keinen so großen Einfluss hat, sollen sie bei zunehmendem Mond an den Wassertagen (Krebs, Skorpion, Fische) am erfolgreichsten sein.

Der abnehmende Mond an Erdtagen (Stier, Jungfrau, Steinbock) ist dafür weniger günstig, der abnehmende Mond an Luft- und Feuertagen (Zwillinge, Waage, Wassermann, Widder, Löwe, Schütze) ist ungünstig.

Bei der Installation elektrischer Leitungen, Anlagen und Geräte spielt die Mondkonstellation dagegen keine erkennbare Rolle.

Malerarbeiten, allgemein

Bei abnehmendem Mond an Luft- (Zwillinge, Waage, Wassermann), Widder- und Schützetagen empfehlen sich diese Arbeiten geradezu. Dann sind leichtes Auftragen, saubere Übergänge, geringer Materialverbrauch, kurze Trocknungszeit und lange Haltbarkeit nämlich so gut wie garantiert. Löwetage sollte man meiden, weil dann die Farbe unter Umständen zu schnell trocknet, so dass Risse entstehen können. Anstreichen und lackieren kann man auch an den Erdtagen (Stier, Jungfrau, Steinbock), wenn der Mond abnimmt.

Weniger günstig ist es bei zunehmendem Mond generell, aber auch bei abnehmendem Mond an Krebs- und Löwetagen. Ganz ungünstig ist es bei zunehmendem Mond an Krebs- und Löwetagen. Dann muss man mit geringer Saugfähigkeit des Untergrunds, mit Streifenbildung und – bei Verwendung entsprechender Farben – sogar mit einer verstärkten Gesundheitsgefährdung durch Lösungsmitteldämpfe rechnen.

Wassersuche und Wasserbau

Wer auf dem Land zu Hause ist, weiß, dass das auch heute noch wichtig ist, denn noch nicht überall gibt es Wasserleitungen, die uns mit dem kostbaren Nass sozusagen frei Haus beliefern.

Wer also einen Rutengänger bestellt, einen Brunnen bohren oder einen Teich anlegen will, ist gut beraten, wenn er diese Arbeiten bei zunehmendem Mond, bevorzugt an Fischetagen, aber auch den anderen Wassertagen (Krebs, Skorpion) in Angriff nimmt.

Weniger günstig ist es bei zunehmendem Mond in einem Luft- (Zwillinge, Waage, Wassermann), Feuer- (Widder, Löwe, Schütze) oder Erdzeichen (Stier, Jungfrau, Steinbock), ganz und gar ungünstig bei abnehmendem Mond.

Wege-, Straßen- und Zaunbau

Diese Arbeiten sollte man möglichst bei Neumond im Steinbock und bei abnehmendem Mond im Steinbock durchführen. Dann liegen die Platten richtig fest, die Pfosten halten besser, und die Nägel bleiben im Holz. Auch andere Termine bei Neumond bzw. während des abnehmenden Mondes sind günstig – außer den Krebs- und Schützetagen.

Bei zunehmendem Mond, aber auch bei abnehmendem Mond in Krebs und Schütze sind diese Arbeiten weniger zu empfehlen.

Ungünstig sind sie bei zunehmendem Mond an Krebs- und Schützetagen sowie bei Vollmond. An diesen Tagen verlegte Platten lockern sich leicht und brechen oft. Die Pfosten sind nicht fest genug und faulen erfahrungsgemäß schneller.

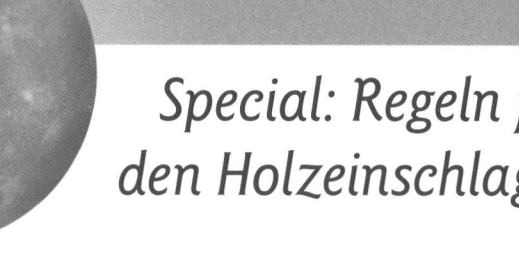

Special: Regeln für den Holzeinschlag

Holz war für die Menschen früherer Zeiten ein »Lebensmittel«, als Bau- und Werkstoff sowie als Brennmaterial war es über Jahrtausende hinweg geradezu lebensnotwendig. Kein Wunder, dass man damals genau wusste, wie man richtig damit umgeht, um seinen Wert zu nutzen und zu erhalten. Nachdem Stein, Stahl und Beton die Epoche des Holzes anscheinend endgültig beendet hatten, bemerkt man mittlerweile wieder eine Renaissance dieses natürlichen und gesunden Rohstoffs.

Seine Qualität und Haltbarkeit waren und sind ganz wesentlich von der richtigen Behandlung und Bearbeitung abhängig. Jahrhundertealte Erfahrungen, vor allem im ländlichen Bereich, haben zu Regeln geführt, die auch heute noch gültig sind. Diese Regeln wurden aufgrund einer genauen Naturbeobachtung und der Nutzung des Mondkalenders gewonnen. Von besonderem Gewicht sind – je nach dem späteren Verwendungszweck – die Regeln für den richtigen Zeitpunkt zum Einschlagen des Holzes. Viele Waldbesitzer, Forstleute und Holzfäller halten sich heute wieder daran. Und sie haben Erfolg damit.

Gewiss, für den modernen Menschen in der Stadt ist die Herkunft des Holzes, das er verwendet, kaum noch zurückzuverfolgen. Wer aber Gelegenheit hat, sich sein Holz auszusuchen, ist gut beraten, wenn er diese Regeln kennt und danach seine Auswahl trifft.

Die Grundregel:

Grundsätzlich ist der Winter (am besten zwischen dem 21. Dezember und dem 6. Januar) die optimale Zeit, Holz zu fällen, denn dann sind die Säfte abgestiegen, und das Holz arbeitet weniger. Die Mondphasen sind ebenfalls wichtig – vor allem die Nähe zum Vollmond oder zum Neumond spielt eine entscheidende Rolle.

Es gibt noch eine Reihe ganz spezieller Termine, die auf jahrhundertealten Erfahrungen beruhen, welche von Generation zu Generation überliefert wurden und sich in der Praxis bewährt haben. Bitte bedenken Sie auch, dass frisch eingeschlagenes Holz noch mindestens ein Jahr unter optimalen Bedingungen gelagert werden muss, bevor es die gewünschten Eigenschaften angenommen hat und auf Dauer behält.

Bauholz

Holz für diesen Bestimmungszweck wird am besten in den letzten Dezembertagen eingeschlagen. Dann fault es nicht und leidet kaum unter Holzwurmbefall. Die Qualität des Bauholzes ist aber auch gut, wenn es zwischen September und März bei zunehmendem Mond in den Fischen eingeschlagen wird.

Holz, das bereits nach kurzer Lagerung verbaut werden muss oder soll, schlägt man am 24. Juni zwischen 11 und 12 Uhr. Dieses Holz reißt später nicht.

Brennholz

Gutes Brennholz wird am besten in den ersten sieben Tagen des zunehmenden Mondes im Oktober eingeschlagen. Günstig sind auch die Tage bei abnehmendem Mond nach der Wintersonnenwende (21. Dezember). Zu vermeiden sind in jedem Fall die Wassertage (Krebs, Skorpion, Fische) bei zunehmendem Mond, da das Holz dann zu feucht ist.

Brennholz muss bei abnehmendem Mond eingelagert werden, sonst zieht es schnell Feuchtigkeit an und schimmelt leicht.

Holz, das nicht fault oder wurmig wird

Sicher vor Fäulnis und Holzwürmern ist Holz, das an folgenden Tagen eingeschlagen wird: 1., 7., 25. und 31. Januar sowie 1. und 2. Februar.

Das Holz, das man am Neujahrstag bzw. zwischen 31. Januar und 2. Februar fällt, wird später immer härter.

Wenn der abnehmende Märzmond im Tierkreiszeichen Fische steht, ist ebenfalls ein guter Termin gegeben, um Holz einzuschlagen, das weder fault noch wurmig wird.

Holz, das nicht schwindet

Der günstigste Einschlagtermin ist der 21. Dezember zwischen 11 und 12 Uhr. Ansonsten fällt man dieses Holz bei abnehmendem Mond oder am 25. März bzw. 29. Juni.

Wer den Befall mit Holwürmern vermeiden will, schlägt das Holz am besten an einem Tag ein, an dem die Sonne im Sternzeichen Steinbock steht und der Mond seit drei Tagen abnimmt.

Holz für Dielen und Werkzeugschäfte

Die günstigsten Einschlagtermine dafür sind an einem Stiertag kurz nach Vollmond sowie die Skorpiontage im August.

Wer Schaufelstiele und Axtgriffe anfertigen will, sollte auf Holz zurückgreifen, das bei Neumond im November gefällt wurde.

Festes Holz, das für Werkzeuge verwendet werden kann, bekommt man auch, wenn das Holz in der ersten Woche nach dem Dezemberneumond eingeschlagen wird – am besten an einem Löwe-, Jungfrau oder Waagetag.

Holz für den Wasserbau

Holz, das für Bauten im oder am Wasser und auch für Boote verwendet werden soll, fällt man am besten bei abnehmendem Mond an einem Krebs- oder Fischetag. Dann bleibt der Saft im Holz und macht es widerstandsfähiger gegen Nässe. Auch Skorpiontage sind grundsätzlich günstig, dann muss man aber auf Borkenkäfer achten.

Nicht geeignet für diese Zwecke ist Holz, das bei zunehmendem Mond an einem Löwetag eingeschlagen wurde.

Reißfestes Holz

Holz, das nicht reißen darf, schlägt man am besten kurz vor Novemberneumond ein. Weitere günstige Termine sind der Neumond im Krebs, der 23. März, der 29. Juni und der 31. Dezember.

Beim Fällen sollte darauf geachtet werden, dass der Baumwipfel talwärts fällt. Bei ebener Fläche lässt man den Wipfel noch eine Weile am Baum, damit der Saft herausgezogen wird.

Schwer brennbares Holz

Kaum zu glauben, aber wahr: Holz, das am 1. März (am besten nach Sonnenuntergang) eingeschlagen wird, erweist sich nach der Lagerung als kaum entflammbar und ist beinahe feuerbeständig.

Ähnlich schwer entzündbar soll Holz sein, das bei Neumond in der Waage, zwei Tage vor dem Märzneumond oder am Tag vor dem Dezemberneumond gefällt wird.

Christbäume

Wie kann man das lästige Nadeln der Christbäume vermeiden? Tannen und Fichten behalten ihre Nadeln besonders lange (manchmal sogar jahrelang), wenn sie drei Tage vor dem elften Vollmond des Jahres (meist im November) gefällt werden. Bis Weihnachten muss man sie dann kühl lagern.

Schwendtage

Früher rodete man Bäume und Sträucher an den so genannten Schwendtagen. Das sind der 3. April sowie der 22. und 30. Juni. Besonders günstig ist es, wenn an diesen Tagen der Mond abnimmt. Dann wachsen die gefällten Gehölze nicht mehr nach. Den gleichen Effekt erreicht man, wenn man Bäume und Sträucher an den letzten drei Februartagen fällt. Das gefällte Gehölz wächst dann ebenfalls nicht mehr nach, es verfault sogar die Wurzel nach kurzer Zeit.

Wenn man Sträucher am 24. Juni ausreißt, wachsen sie nicht mehr nach. Das Gleiche gilt angeblich auch für Unkraut.

Erfolgreich gärtnern mit dem Mond

Dass die Lebensvorgänge der Pflanzen – Keimung, Wurzelbildung, Wachstum, Blüte, Fruchtbildung und Reife – einem auf- und abschwellenden Rhythmus unterliegen, dessen Takt durch die wechselnde Stellung des Mondes entweder bestimmt oder aber bemessen wird, wurde schon im Kapitel »Im Rhythmus des Mondes« (ab Seite 28) klar.

Dort wird vor allem darauf verwiesen
- dass in den verschiedenen Mondphasen die Erde mehr oder weniger aufnahmefähig ist;
- dass der Transport der Säfte sowie Nährstoffe in unterschiedliche Richtungen verläuft und
- dass auch die Perioden des absteigenden bzw. aufsteigenden Mondes Einfluss auf das Naturgeschehen haben.

Weiter kann man erkennen
- dass bestimmte Gruppen der Tierkreiszeichen, die der Mond bei seiner Erdumkreisung durchwandert, jeweils verschiedene Pflanzenteile stimulieren und
- dass sie den Witterungseinfluss auf die Gewächse mitbestimmen.

Mit Gefühl und Erfahrung

Wenn wir nun aus diesem allgemeinen Wissen um den Einfluss des Mondes einige praktische Ratschläge für den Umgang mit den Pflanzen ableiten, stützen wir uns weniger auf theoretische Überlegungen, sondern vor allem auf jahrhundertealte Kenntnisse von Gärtnern und Landwirten, die noch heute für Aussaat, Pflege und Ernte die Mondregeln anwenden, die sie von ihren Eltern und Großeltern übernommen haben.

Doch der Rückgriff auf Wissen und Erfahrung früherer Generationen allein macht den Erfolg noch lange nicht aus. Man kann es immer wieder erleben, dass Gärtner, die ihr Stück Erde unter nahezu gleichen Naturbedingungen bearbeiteten, ganz unterschiedliche Erfolge haben.

Liegen diese Ergebnisse dann an den verschiedenen Kenntnissen, am mangelnden Geschick des einen oder an den besonderen Fähigkeiten des anderen? Gewiss, das sind Gründe, aber meist nicht die entscheidenden. Bestimmend für den Erfolg ist nach den Erfahrungen vieler vor allem das Gefühl, das man für Pflanzen als lebende Wesen hat oder eben nicht hat. Ein solches Gefühl mag manchen Menschen ja als göttliches Geschenk gegeben sein. Aber die anderen, die es leider noch nicht besitzen, können es durchaus erwerben.

Das Wissen um die Mondrhythmen kann dabei helfen – nicht als universales Rezept, sondern als Begleiter auf einem Weg, den man selbst bestimmen muss.

Verantwortung für die Umwelt übernehmen

Mit dem richtigen Quantum an Wissen und Gefühl seinen Garten zu bestellen, das bedeutet auch, Verantwortung zu übernehmen. Denn wer mit Pflanzen umgeht, trägt eine hohe Verantwortung für unsere Umwelt. Die Plünderung des Bodens sowie die Belastung des Grundwassers und der Gewässer durch falsche Düngung oder übertriebene Unkraut- bzw. Schädlingsbekämpfung haben zu einer Umweltzerstörung geführt, die endlich aufgehalten werden muss. Dazu kann, ja muss jeder seinen Beitrag leisten – auch der Hobbygärtner, der nur ein paar Quadratmeter Bodenfläche bearbeitet. Auch dabei können die Mondregeln behilflich sein. Denn wer seinen Garten oder sein Feld im Einklang mit den natürlichen Rhythmen bearbeitet, wird bald feststellen, dass er auf viele chemische Hilfs- und Zusatzstoffe verzichten kann und dennoch eine gute, vor allem gesunde Ernte einbringt. Noch mehr wert ist aber das gute Gewissen, das er gegenüber der natürlichen Umwelt haben kann, die auch Lebensraum für unsere Kinder und Enkel sein wird.

Die wichtigsten Mondregeln für den Garten

Aus den allgemeinen Zusammenhängen wurden Vorschläge für den besten Zeitpunkt der wichtigsten Gartenarbeiten abgeleitet. Der

Leser wird mit Sicherheit bemerken, dass sich nicht alle der folgenden Ratschläge streng an die vom Mond bestimmten Rhythmen halten. Das hat manchmal gute Gründe, die dann auch genannt werden; oft aber beruhen solche »Sonderfälle« auf bewährten Erfahrungen, die einfach nicht zu erklären sind. Probieren Sie es aus, prüfen Sie die Regeln kritisch, gewinnen Sie Ihre eigene Überzeugung!

Die Bodenvorbereitung im Frühjahr

Bevor Saatgut oder Pflanzen in den Boden kommen, muss die Erde gelockert werden. Man beginnt mit dem Umgraben im zeitigen Frühjahr bei zunehmendem Mond an einem Löwetag. Dadurch werden die Unkrautsamen im Boden zum Keimen angeregt. Ein zweites Mal lockert man dann bei abnehmendem Mond, am besten an einem Steinbocktag. Dabei können die meisten Unkräuter beseitigt werden. Wenn man noch ein drittes Mal umgraben will, wählt man erneut einen Tag bei abnehmendem Mond.

Das Mulchen

Mulchen bedeutet, den Boden mit organischem Material so abzudecken, dass die Erde einerseits Nährstoffe erhält und andererseits vor dem Austrocknen geschützt ist. Auch das Aufkommen von Unkraut wird so unterdrückt.

Die Mulchschicht sollte immer bei abnehmendem Mond, zumindest aber bei absteigendem Mond (Zwillinge, Krebs, Löwe, Jungfrau, Waage, Skorpion) aufgebracht werden, da dann die Nährstoffe besser in den Boden einziehen können.

Säen und pflanzen

Je nach geografischer Lage und Wetterbedingungen wird man Mitte bis Ende März mit der Aussaat im Freiland beginnen. Im Frühbeet oder unter Folie kann das schon im Februar geschehen. Grundsätzlich sollten Sie Folgendes beachten:

Pflanzen, die hauptsächlich unter der Erde wachsen, sollten immer bei abnehmendem oder absteigendem Mond gesät bzw. gepflanzt werden. Achten Sie bei Wurzelgemüse zudem darauf, dass ein Erdtag (vor allem Jungfrau) gegeben ist. Ein Spezialfall ist die Kartoffel:

Kartoffeln legt man zwar auch bei abnehmendem Mond, aber möglichst gleich nach Vollmond.

Die günstigsten Zeiten für den Anbau von Blattgemüse sind Wassertage (vor allem Krebs und Skorpion). Die meisten Vertreter dieser Gemüseart sollten zudem bei zunehmendem Mond gesät oder gepflanzt werden. Aber hier gibt es Sonderfälle: Kopfsalat sät oder pflanzt man zwar auch an Wassertagen, aber es sollte unbedingt bei abnehmendem Mond geschehen, da er, bei zunehmendem Mond in die Erde gebracht, sehr leicht »schießt« und keine Köpfe bildet. Auch mit den verschiedenen Kohlsorten und Spargel verhält es sich so.

Pflanzen, die überwiegend über der Erde wachsen und Frucht ansetzen, sät oder pflanzt man bei zunehmendem Mond an einem Feuertag (vor allem Widder und Schütze) oder bei aufsteigendem Mond.

Für Blumen und viele Blütenkräuter ist ein Lufttag (vor allem Zwillinge und Wassermann) bei zunehmendem Mond der beste Aussaatzeitpunkt.

Bei den Aussaatterminen sollten neben den Mondzeiten selbstverständlich auch die Jahreszeit und die konkreten Witterungsbedingungen beachtet werden.

Zur schnellen Übersicht finden Sie auf der nächsten Seite eine Tabelle mit den günstigsten Aussaat- und Pflanzzeiten für einige wichtige Kulturpflanzen.

Gießen und wässern

Im Allgemeinen wird in unseren Gärten viel zu viel gegossen und bewässert. Das schwächt die Widerstandskraft der Pflanzen, schwemmt die Nährstoffe fort, fördert den Befall durch Schädlinge sowie Krankheiten und führt in vielen Fällen dazu, dass das Erntegut nicht so gut schmeckt und schon nach kurzer Lagerung verdirbt. Auch bei der Pflege von Balkon- und Zimmerpflanzen wird dieser Fehler häufig begangen, und man wundert sich dann, dass die Pflanzen nicht so recht gedeihen wollen. Die folgenden Tipps gelten auch für sie.

Wenn das Gießen nötig ist, sollten die Pflanzen an den Tagen gegossen oder bewässert werden, wenn der Mond in einem Wasser-

Die besten Aussaattermine

Pflanzen	Pflanzentyp	Mondphase	Element
Auberginen	Frucht	zunehmend	Feuer
Beerenobst	Frucht	zunehmend	Feuer
Blattkräuter	Blatt	zunehmend	Wasser
Blütenstauden	Blüte	zunehmend	Luft
Blumenkohl	Blatt	zunehmend	Wasser
Bohnen	Frucht	zunehmend	Feuer
Brokkoli	Blüte	zunehmend	Luft
Endivien	Blatt	zunehmend	Wasser
Erbsen	Frucht	zunehmend	Feuer
Erdbeeren	Frucht	zunehmend	Feuer
Futterpflanzen	Blatt	zunehmend	Wasser
Gartenblumen	Blüte	zunehmend	Luft
Getreide	Frucht	zunehmend	Feuer
Gurken	Frucht	zunehmend	Feuer
Karotten	Wurzel	abnehmend	Erde
Kartoffeln	Wurzel	abnehmend	Erde
Knoblauch	Wurzel	abnehmend	Erde
Kohl	Blatt	abnehmend	Wasser
Kohlrabi	Blatt	zunehmend	Wasser
Kopfsalat	Blatt	abnehmend	Wasser
Kürbis	Frucht	zunehmend	Feuer
Lauch	Wurzel	abnehmend	Erde
Linsen	Frucht	zunehmend	Feuer
Paprika	Frucht	zunehmend	Feuer
Radieschen	Wurzel	abnehmend	Erde
Rettich	Wurzel	abnehmend	Erde
Rote Bete	Wurzel	abnehmend	Erde
Spinat	Blatt	zunehmend	Wasser
Tomaten	Frucht	zunehmend	Feuer
Zwiebeln	Wurzel	abnehmend	Erde

zeichen (Krebs, Skorpion, Fische) steht. Das Wasser wird an diesen Tagen viel besser aufgenommen und hält länger vor. Die Pflanzen können das Wasser besonders gut speichern und kommen bis zum nächsten Gießtag mit der Feuchtigkeit aus. Gießen bzw. bewässern Sie Ihre Pflanzen nie an Lufttagen (Zwillinge, Waage, Wassermann), da dann damit gerechnet werden muss, dass sich mit hoher Wahrscheinlichkeit Schädlinge breit machen.

Düngen und kompostieren

Was bereits über das Gießen gesagt worden ist, gilt auch für das Düngen: Viel hilft nicht viel! Im Gegenteil – jede Überdüngung, vor allem mit Mineralstoffen, schadet doppelt und dreifach: zum einen der Kraft und Stabilität der Pflanze, deren Wurzelbildung zurückgeht, weil sie nun nicht mehr die Nährstoffe in tieferen Bodenschichten suchen muss; zum anderen der Erde, deren chemisches und biologisches Gleichgewicht entsprechend gestört wird. Schließlich aber schadet sie auch der Umwelt im weiteren Sinne, denn die überschüssigen mineralischen Nährstoffe, die nicht von der Pflanze aufgenommen werden, gelangen entweder ins Grundwasser und vergiften dieses Trinkwasserreservoir. Oder sie werden mit dem Regenwasser in Bäche sowie Seen geschwemmt und führen dort zu ungebremstem Algen- und Wasserpflanzenwachstum, was letztendlich den ökologischen Tod der Gewässer bedeuten kann. Wenn also gedüngt werden muss, sollte man die folgenden Regeln unbedingt beachten:

Die günstigste Zeit für das Ausbringen von mineralischem Dünger ist bei Vollmond und bei abnehmendem Mond. Erde und Wurzeln besitzen dann die beste Aufnahmefähigkeit. Gemüse, Getreide und Obst düngt man am besten an einem Widder- oder Schützetag. Blumen und Zierpflanzen soll man dagegen an einem Wassertag (Krebs, Skorpion, Fische) düngen. Die Phase des zunehmenden Mondes ist dafür ungünstig.

An Löwetagen sollte man auf keinen Fall düngen, weil die Erde zu trocken werden kann und die Pflanzen »verbrennen«!

Kompost – das Erfolgsrezept der Gärtner

Das beste und zugleich umweltfreundlichste Nährstoffangebot, das Sie Ihren Gartenpflanzen bieten können, ist organischer Humus.

Beim Kompostieren entsteht aus pflanzlichen und anderen organischen Abfällen durch die Lebenstätigkeit unzähliger Klein- und Kleinstlebewesen wieder wertvolle Humuserde, die dann als natürlicher Dünger und als Bodenverbesserungsmittel zur Verfügung steht. Guter Kompost pflegt den Boden in idealer Weise. Er belebt ihn, verbessert seine Struktur und führt ihm alle notwendigen Nährstoffe in einer Form zu, die die Pflanzen für ein gesundes, harmonisches Wachstum brauchen.

Das Ansetzen des Komposthaufens sollte immer an Erd- (Stier, Jungfrau, Steinbock) oder Wassertagen (Krebs, Skorpion, Fische) bei abnehmendem Mond erfolgen. Das Feststampfen erledigt man am besten an Erd- oder Wassertagen bei zunehmendem Mond. Wenn man Kalk oder andere Zusätze hinzufügen will, ist ein Jungfrautag am geeignetsten.

Bodenverbesserung durch Gründüngung

Es gibt einige Pflanzen, durch deren Anbau dem Gartenboden auf natürliche Weise wertvolle Nährstoffe zugeführt werden. Gleichzeitig lockern die Wurzeln dieser Gründüngerpflanzen den Boden auf und schützen ihn vor dem Austrocknen.

Die Pflanzen werden kurz vor der Blüte gemäht; die abgemähten Pflanzenteile arbeitet man dann zusammen mit dem Wurzelwerk in den Boden ein. Im Herbst kann man die Pflanzenteile auch als Mulchschicht liegen lassen.

Die Aussaat und das Einarbeiten kann im Frühjahr oder Herbst erfolgen – am günstigsten bei abnehmendem Mond und vorzugsweise in einem Tierkreiszeichen, das er absteigend durchläuft.

Umpflanzen, umtopfen

Diese für Nutz- und Ziergarten wichtigen und zugleich risikoreichen Arbeiten erledigt man im Frühjahr oder Herbst, am besten bei zunehmendem Mond in der Jungfrau.

Für das Umpflanzen älterer Stauden und Gehölze empfiehlt sich die Zeit des absteigenden Mondes (Zwillinge, Krebs, Löwe, Jungfrau, Waage, Skorpion) – auch hier besonders ein Jungfrautag.

Pflanzen vermehren

Die Vermehrung durch Stecklinge ist am erfolgreichsten bei zunehmendem Mond (im Frühjahr) und günstig bei absteigendem Mond (Zwillinge, Krebs, Löwe, Jungfrau, Waage, Skorpion), vor allem an einem Jungfrautag. Wenn Sie im Herbst Stecklinge schneiden, ist allerdings die Zeit des abnehmenden Mondes günstiger.

Obstbaumveredelung

Wenn Sie Obstbäume veredeln wollen, wählen Sie dafür einen Fruchttag (Widder, Löwe, Schütze) bei zunehmendem Mond (in der Nähe des Vollmonds). Auch bei aufsteigendem Mond (Schütze, Steinbock, Wassermann, Fische, Widder, Stier) ist es günstig.

Pflanzen und Gehölze schneiden

Auch das Beschneiden von Pflanzen und Gehölzen muss vorsichtig und mit Gefühl erfolgen. Doch ganz im Gegensatz zu den genannten Arbeiten, bei denen die Säfte schnell wieder in die Pflanze oder den Pflanzenteil steigen sollen, muss man beim Schnitt das Aufsteigen und Austreten der Säfte möglichst verhindern, wenn die Pflanze keinen Schaden nehmen soll.

Deshalb wählt man für alle Schnittarbeiten die Zeit des abnehmenden Mondes.

Für den Schnitt der Obstgehölze, den man im Spätwinter an frostfreien Tagen durchführen sollte, wählt man entweder einen Tag bei abnehmendem Mond in einem Feuerzeichen (Widder, Löwe, Schütze) oder einen bei absteigendem Mond (Zwillinge, Krebs, Löwe, Jungfrau, Waage, Skorpion).

Ganz ungünstig sind Wassertage bei zunehmendem Mond. Und besonders schädlich ist das Schneiden bei Vollmond im Krebs.

Kranke oder geschädigte Pflanzen und Gehölze werden wieder gesund und kräftig, wenn man kurz vor Neumond oder am besten an Neumond selbst ihre Spitzen zurückschneidet. Manchmal hilft auch ein ganz radikaler Rückschnitt zu diesem Zeitpunkt.

Für das Auslichten und Zurückschneiden von Hecken und Sträuchern eignet sich erfahrungsgemäß ein Steinbocktag bei abnehmendem Mond sehr gut. Denn die Pflanzen können dann nur langsam wieder nachwachsen.

Rasen mäht man am besten an Wassertagen (Krebs, Skorpion, Fische) bei zunehmendem Mond, dann wächst der Rasen rasch wieder nach.

Hacken zum Lockern des Bodens
Wenn die Stickstoffbindung des Bodens verbessert werden soll, hackt man am günstigsten in einem Erdzeichen – möglichst bei abnehmendem Mond. Aber Vorsicht bei Wurzelpflanzen, die dann nämlich besonders empfindlich gegen Verletzungen sind!

Pflegen und jäten
Wenn es um das so genannte Unkraut geht, sind viele Gartenliebhaber sehr rigoros. Jedes Hälmchen wird sogleich attackiert – wenn es sein muss, mit ganz rabiaten chemischen Mitteln. Dabei vergessen sie, dass viele Pflanzen, die als Unkraut verdammt werden, wertvolle Heilkräuter sind und dass bei weitem nicht jede von ihnen den Nutzpflanzen Nährstoffe und Licht streitig macht. Oft bilden Kulturpflanze und »Unkraut« eine symbiotische Gemeinschaft, die zur Erhaltung des ökologischen Gleichgewichts im Boden sehr nützlich ist – ganz zu schweigen von der Giftfracht, die der Boden und möglicherweise das Grundwasser »schlucken« müssen, wenn Chemikalien zur Unkrautbekämpfung eingesetzt werden.

Wenn aber die Vernichtung von wirklichem Unkraut angesagt ist, dann sollte sie auf natürliche Weise erfolgen – durch Jäten und Ausreißen.

Besonders günstige Termine für die Unkrautentfernung sind Steinbocktage bei abnehmendem sowie Wassermanntage bei zunehmendem Mond. Der Garten bleibt dann länger unkrautfrei.

Will man neu angelegte oder längere Zeit nicht gepflegte Flächen schnell und nachhaltig von Unkraut befreien, empfiehlt sich ein Trick: Man jätet zum ersten Mal bei zunehmendem Mond im Löwen. Dadurch wird das Unkraut massenhaft »hervorgelockt«, weil die Keimfähigkeit des Unkrauts stark erhöht ist. Ein zweites Mal wird dann bei abnehmendem Mond an einem Steinbocktag gejätet. Dabei kann dann alles Unkraut entfernt werden.

Übrigens:In manchen Gegenden gilt der 18. Juni als Geheimtipp. Wenn an diesem Tag bis mittags Unkraut gejätet wird, soll es überhaupt nicht mehr nachwachsen. Probieren Sie es doch einfach einmal aus!

Schädlinge bekämpfen

Was für die Unkrautbekämpfung gesagt wurde, gilt auch für die Bekämpfung vieler Kleintiere, die sehr oft als Ungeziefer bezeichnet werden: Meist wird zu rigoros und zu rabiat vorgegangen. Ganz abgesehen davon, dass manche der scheinbaren Plagegeister durchaus auch nützlich sein können, trägt die Ausrottung einer Spezies meist dazu bei, dass sich dafür andere Arten massenhaft vermehren, weil ihre Konkurrenten oder natürlichen Feinde verschwunden sind. Über die Umweltbeeinträchtigung, sollte man für die Vernichtung Pestizide einsetzen, muss man sich überdies im Klaren sein.

Vorbeugung ist hier die beste Bekämpfungsmethode. Wer zu den richtigen Mondterminen gesät oder gepflanzt, gegossen und gedüngt hat, wer dabei auf die Fruchtfolge und auf die Pflanzengemeinschaften geachtet hat, braucht sich vor Schädlingen eigentlich nicht zu fürchten.

Die beste und im Grunde einfachste Schädlingsbekämpfung besteht darin, den natürlichen Feinden der Schädlinge in Ihrem Garten Quartiere zu geben: Richten Sie Nistplätze für Vögel ein, legen Sie einen kleinen Teich für Frösche und Kröten an, oder schichten Sie einen Reisighaufen auf, in dem eine Igelfamilie Unterschlupf findet.

Tritt eine Tages der Fall ein, dass die Schädlinge in Massen Ihren Garten bevölkern – beispielsweise bedingt durch extreme Witterungsverhältnisse oder durch die Ungeschicklichkeit des Nachbarn –, können Sie bei sparsamer Anwendung auch einmal zu – möglichst biologischen – Unkrautmitteln greifen.

Ungeziefer sollte man am besten bei abnehmendem Mond bekämpfen: Schädlinge, die über der Erde wirken, werden an Krebs-, Zwillinge- und Schützetagen vernichtet. Für Wurzel- und Erdschädlinge ist ein Erdtag (Stier, Jungfrau, Steinbock) besser geeignet. Und gegen Schnecken geht man am besten an Wassertagen (Krebs, Skorpion, Fische) vor.

Ernten und einlagern

Für alle Ernte- und Einlagerungsarbeiten ist die Zeit des aufsteigenden Mondes (Schütze, Steinbock, Wassermann, Fische, Widder, Stier) günstig, am besten ist ein Widdertag. Das Erntegut ist dann besonders saftig, schmackhaft und haltbar.

An Fischetagen (obwohl aufsteigender Mond) Geerntetes sollte allerdings gleich verzehrt und nicht eingelagert werden, weil es sonst besonders leicht zu Fäulnis kommen kann.

Obst und Gemüse, das bei zunehmendem Mond geerntet wird, sollte möglichst bald verbraucht werden, wenn nicht gerade ein Tag bei aufsteigendem Mond gegeben ist.

Gänzlich ungeeignet für Ernte und Einlagerung sind Krebs- und Jungfrautage.

Alles, was durch Trocknung konserviert werden soll, wird vorzugsweise bei abnehmendem Mond geerntet.

Vor der alljährlichen Einlagerung ist es wichtig, dass die Kellerregale und Obsthorden gründlich gereinigt werden. Lufttage (Zwillinge, Waage, Wassermann) bei abnehmendem Mond sind für diesen Zweck am besten geeignet.

Von Experten erprobt – Spezialtipps für Ihren Garten

Neben den eher allgemeinen Mondregeln für den Garten, die man für Aussaat, Pflege und Ernte der wichtigsten Kulturpflanzen anwenden kann, gibt es noch eine Reihe ganz spezieller Regeln, die von Fachleuten erprobt worden sind und erfolgreich angewendet werden.

Der Blumengarten

Blumen gehören in jeden Garten. Sie erfreuen nicht nur das Auge, sondern auch die Seele. Die zarten Geschöpfe aus Farbe und Licht sind außerordentlich sensibel für kosmische Einflüsse. Sie sind Kinder der Sonne, für die der Mondeinfluss – die umgesetzte Reflexion der Sonnenkraft – eine ganz besondere Bedeutung hat.

Besonders günstig für die Aussaat bzw. Pflanzung ist ein Lufttag (Zwillinge, Waage, Wassermann) bei zunehmendem Mond. Damit Blüte und Duft sich voll entfalten können, sollte man Blumen stets drei Tage vor Vollmond bis Vollmond selbst aussäen oder pflanzen. Die Stunden des Mondwechsels sind allerdings nicht so gut geeignet. Für Blumen, die hoch wachsen und gefüllte Blütenköpfe tragen, sind die ersten Tage des zunehmenden Mondes am besten geeignet.

Für die Pflege, also das Düngen, Mulchen oder die Anwendung von nährenden bzw. schützenden Pflanzenpräparaten, eignet sich der abnehmende Mond in einem Luftzeichen erfahrungsgemäß besonders gut. Für das Veredeln ist der zunehmende Mond in einem Luftzeichen (bevorzugt Waage) besonders günstig. Für den Schnitt von Blütengewächsen aller Art wählt man den abnehmenden Mond, idealerweise in der Nähe des Neumonds.

Einjährige Sommerblumen

Einjährige Sommerblumen beeindrucken durch die Fülle ihrer Farben und Formen, so dass auch im kleinsten Garten ein Platz für sie reserviert sein sollte. Die meisten von ihnen bevorzugen einen sehr sonnigen Standort und brauchen einen gut mit Nährstoffen versorgten Boden, der aber nicht frisch gedüngt sein sollte.

Fast alle einjährigen Sommerblumen werden direkt an Ort und Stelle gesät. Man sät ab dem Monat April, wobei frostempfindliche Sorten erst ab Mitte Mai in die Erde kommen sollten. Optimal geeignet ist die Zeit des zunehmenden Mondes in einem Luftzeichen (Zwillinge, Waage, Wassermann).

Für alle pflegenden Maßnahmen, z. B. die Anwendung von nährenden bzw. schützenden Pflanzenpräparaten, eignen sich Lufttage bei abnehmendem Mond am besten.

Wenn Blumen für bunte Sträuße geschnitten werden sollen, ist die Zeit des zunehmenden Mondes dafür besonders gut geeignet. Die Blütenfarben sind dann besonders leuchtend, der Duft ungemein intensiv. Um diese Zeit geschnittene Blumen sind auch in der Vase länger haltbar und werden noch für sehr viel Freude sorgen.

Wenn Blumen getrocknet werden sollen, schneidet man sie an einem Lufttag bei abnehmendem Mond und breitet sie zum Trocknen aus. Abgefüllt werden die Blütenpotpourris ebenfalls an einem Lufttag bei abnehmendem Mond.

Zwiebelgewächse

Zwiebelgewächse sind die ersten zarten Boten des Frühlings, sie blühen den ganzen Sommer mit verschwenderischer Pracht, und sie geben auch dem Herbst noch bunte Tupfer – Schneeglöckchen, Tulpen, Gladiolen, Dahlien u. v. a.

Die Zwiebeln der Frühjahrsblüher (beispielsweise Schneeglöckchen, Krokusse, Hyazinthen, Narzissen und Tulpen) steckt man Ende September bis Anfang Oktober bei abnehmendem Mond, am besten an einem Waagetag oder an einem anderen Tag bei absteigendem Mond (Zwillinge, Krebs, Löwe, Jungfrau, Waage, Skorpion).

Die Zwiebeln der Sommerblüher (beispielsweise Gladiolen, Begonien, Dahlien) werden nach den Eisheiligen gesteckt, also etwa ab Mitte Mai. Dazu wählt man bevorzugt einen Lufttag bei zunehmendem Mond.

Die Pflanzstellen der im Frühjahr blühenden Zwiebelgewächse deckt man zum Schutz vor Frostschäden mit einer Humusschicht ab (bei abnehmendem Mond).

Nach der Blüte empfiehlt sich eine Zwischendüngung mit Brennnesseljauche, um die Zwiebeln zu festigen. Ideal ist das Düngen bei Vollmond.

Im Herbst – unbedingt vor den ersten Frösten – werden die Zwiebeln der Sommerblüher bei abnehmendem Mond an einem Lufttag aus der Erde genommen und an einem kühlen Ort gelagert.

Die Zwiebeln der Frühjahrsblüher können für mehrere Jahre in der Erde bleiben. Sollen sie jedoch herausgenommen und gelagert werden, verfährt man genauso: Ihre Zwiebeln werden an einem Lufttag bei abnehmendem Mond aus der Erde geholt.

Blühende Stauden

Sie sind unentbehrlich für die Gartengestaltung – leuchtend blühende Stauden, die in Gruppen, Rabatten oder auch als Hecken sozusagen die prägenden Elemente des Ziergartens darstellen. Weil sie oft für Jahrzehnte an ihrem Platz bleiben, brauchen sie einen tiefen, nährstoffreichen Boden und ebenso regelmäßige Pflege durch Bodenlockerung und Düngung.

Stauden, die erstmalig an ihren Standort kommen, pflanzt man am günstigsten im Frühjahr bei zunehmendem Mond an einem Lufttag. Die Erde soll die Wurzeln gleich fest umschließen; deshalb muss auch kräftig angegossen werden. Die Vermehrung der Stauden erfolgt meist durch Teilung. Diese kann im Herbst erfolgen, vorzugsweise an einem Jungfrautag.

Für die Pflegemaßnahmen, wie Düngen oder Mulchen, eignet sich der abnehmende Mond in einem Luftzeichen am besten.

Hecken und Ziersträucher

Man sollte Sträucher und Hecken bei zunehmendem Mond an Zwillingetagen pflanzen, Ranken und Kletterpflanzen allerdings vorzugsweise an Wassertagen. Diese Gewächse sollten bei abnehmendem oder absteigendem Mond (Zwillinge, Krebs, Löwe, Jungfrau, Waage, Skorpion) geschnitten werden.

Der Kräutergarten

Ob würzige und schmackhafte Küchenkräuter oder Heilkräuter, die zu Ihrer Gesundheit beitragen – für beide sollte unbedingt Platz in jedem Garten sein. Sei es in einer speziellen Kräuterecke oder in Gemeinschaft mit anderen Gartenpflanzen.

Im Allgemeinen werden Küchen- und Heilkräuter ab Mitte März bis Ende Mai direkt ins Freiland ausgesät. Dabei kommt es vor allem auf den richtigen Stand des Mondes an.

Kräuter, von denen man die Wurzel oder Knolle nutzt, werden bei abnehmendem Mond in einem Erdzeichen (Stier, Jungfrau, Steinbock) gesät oder gesetzt.

Dazu gehören z. B. Baldrian, Beinwell, Knoblauch, Meerrettich und Zwiebeln.

All die Kräuter, von denen später einmal die Blätter und Stängel verwendet werden sollen, sät man immer bei zunehmendem Mond, bald nach Neumond, aus: Für Kräuter, die einen feuchten Standort bevorzugen, wählt man dazu einen Wassertag (Krebs, Skorpion, Fische); für solche, die mehr die Trockenheit lieben, allerdings einen Lufttag (Zwillinge, Waage, Wassermann).

Zu den Blattkräutern zählen beispielsweise Basilikum, Bohnenkraut, Borretsch, Dill, Eibisch, Estragon, Kerbel, Kresse, Liebstöckel, Majoran, Minze, Melisse, Oregano, Petersilie, Rosmarin, Schnittlauch sowie auch Thymian.

Kräuter, deren Blüten oder Dolden besondere Heil- bzw. Würzkraft haben, werden bei zunehmendem Mond an einem Lufttag (Zwillinge, Waage, Wassermann) gesät.

Dazu rechnet man u. a. Lavendel, Kamille, Malve, Primel, Pimpinelle, Ringelblume, Salbei und Schafgarbe.

Und werden die Früchte oder Samen der Kräuter gebraucht, so sät man bei zunehmendem Mond in einem Feuerzeichen (Widder, Löwe, Schütze) aus.

Zu diesen Kräutern gehören beispielsweise Anis, Koriander oder auch Kümmel.

Mehr über das Sammeln, die Ernte, die Verarbeitung und Anwendung der Kräuter für die Gesundheit erfahren Sie im »Special: Heilkräuter« auf Seite 65.

Der Obstgarten

Auch wenn sie verhältnismäßig viel Platz und Pflege benötigen – ein paar Obstbäume und -sträucher gehören in jeden Garten. Sie liefern nicht nur süße Früchte, sondern spenden auch Schatten für den Sitzplatz im Grünen. Beerensträucher sind auch als Hecken sehr geeignet.

Die richtige Zeit für die Pflanzung ist im späten Herbst, von Ende Oktober bis Anfang November, wenn die Bäume ihre Blätter schon verloren haben, und im zeitigen Frühjahr, bevor der Austrieb beginnt – immer an Erdtagen (Stier, Jungfrau, Steinbock). Kurz nach Neumond pflanzt man Apfel und Birne, bei zunehmendem Mond im November Aprikose und Pflaume. Ebenfalls bei zunehmendem Mond, aber erst im März, können noch einmal Apfel und Birne, zudem Aprikose und Pflaume sowie zusätzlich Kirsche gepflanzt werden. Zum optimalen Gedeihen benötigt Kirsche die Vollmondnähe, Aprikose und Zwetschge brauchen nur den normalen zunehmenden Mond.

Bei abnehmendem Mond im November und dann noch einmal im Mai sollte gedüngt werden. Pflegen Sie bei abnehmendem Mond in einem Feuerzeichen die Stämme mit einer Mischung aus Kuhmist, Lehm und Molke, die Sie auftragen, nachdem Sie die alte Rinde entfernt haben.

Vorsicht bei der Bodenpflege! Um eine Schädigung der Wurzeln zu vermeiden, legen Sie eine Baumscheibe aus Kuhdung an und gießen ab Juni abends immer kräftig.

Die Schädlingsbekämpfung ist am wirksamsten bei abnehmendem Mond. Gegen Obstmaden hat sich eine Spritzkur mit Wermutauszug bewährt, gegen Gespinstmotten hilft ein Brennnesselauszug. Schorf und Mehltau bekommt man in den Griff, indem man die betroffenen Zweige entfernt. Zusätzlich sollten Brennnesseljauche und schwefelhaltige Mittel verwendet werden.

Bei zunehmendem Mond schießen die Säfte, und die Wunden schließen sich entsprechend schlechter! Schneiden Sie Obstgehölze also nur an Fruchttagen (Widder, Löwe, Schütze) bei abnehmendem Mond oder bei absteigendem Mond (Zwillinge, Krebs, Löwe, Jungfrau, Waage, Skorpion), und verschließen Sie die Wunden gut. Die beste Zeit ist Anfang des Jahres bis März. Vor allem junge Bäume sowie frostempfindliche Arten sollten erst später geschnitten werden. Bei Kirschbäumen wird gleich nach der Ernte geschnitten.

Die beste Erntezeit für das Obst ist bei aufsteigendem Mond (Schütze, Steinbock, Wassermann, Fische, Widder, Stier). Der Erntezeitpunkt sollte sich natürlich auch nach dem Verwendungszweck der Früchte richten. Da sie um Vollmond am meisten Zucker enthalten, ist diese Zeit prinzipiell sehr günstig, wenn man sie gleich verzehren möchte. Sorten, die eingelagert werden sollen, erntet man möglichst bei abnehmendem Mond. Vermeiden Sie möglichst Fische-, immer aber Krebs- und Jungfrautage!

Beerensträucher

Die ideale Zeit, um Beerensträucher ins Freiland zu setzen, ist bei zunehmendem Mond an einem Fruchttag (Wider, Löwe, Schütze). Meiden Sie unbedingt Skorpiontage!

Beerensträucher sollte man bei zunehmendem Mond an einem Fruchttag pflanzen. Ungünstig sind Skorpiontage.

Sie können die Wurzeln der Beeren mit einer bei abnehmendem Mond angelegten Schicht aus organischem Material schützen. Da die Wurzeln sehr dicht unter der Erdoberfläche liegen, sollten Sie den Boden nicht tiefer als fünf Zentimeter auflockern, um Beschädigungen zu vermeiden. Wichtig ist regelmäßiges Gießen, damit die Früchte auch schön saftig werden. Gegen Schädlinge wie Blattwanzen hilft das Besprühen mit Wermut- oder Rainfarntee bei abnehmendem Mond. Triebe mit Mehltaubefall sollten bei Neumond entfernt werden. Der Neumond im Juni ist übrigens der beste Zeitpunkt für den Sommerschnitt. Nach der Ernte und dann noch einmal im September oder Oktober wird gedüngt – und zwar idealerweise bei abnehmendem Mond.

Um Vollmond sind die Beeren am süßesten, deshalb sollte man sie auch um diese Zeit herum ernten – vorausgesetzt, der Mond steigt gerade auf (und steht somit in Schütze, Steinbock, Wassermann, Fische, Widder oder Stier). Zum Trocknen sollte der abnehmende Mond in einem Feuer- (Widder, Löwe, Schütze) oder Luftzeichen (Zwillinge, Waage, Wassermann) stehen.

Erdbeeren

Erdbeeren gedeihen am besten, wenn sie bei zunehmendem Mond in einem Feuerzeichen (Widder, Löwe, Schütze) gepflanzt werden. Bedenken Sie, dass Erdbeeren einen sonnigen Standort lieben – er kann ruhig steinig sein – und nicht zu oft gedüngt werden wollen. Dafür sollten Sie den Boden aber nach der Ernte bei abnehmendem Mond in einem Feuerzeichen durch Kompost mit Nährstoffen anreichern.

Den Rasen pflegen

Ob als gepflegter Blickfang im englischen Stil oder als strapazierfähige Spielwiese für die Kinder – ein Stückchen Rasen braucht der Mensch, um seine Augen und auch seine Seele auszuruhen.

Aussaat: Es gibt im Fachhandel spezielle Grasmischungen als Saatgut für die verschiedenen Funktionen, die der Rasen erfüllen soll. Ausgesät wird von Ende April bis Anfang Juni idealerweise bei zunehmendem Mond an Löwe- oder Jungfrautagen. Im Tierkreiszeichen Löwe ausgesäter Rasen wächst zwar nur langsam, wird aber schön dicht und braucht nicht so oft geschnitten zu werden. Aber auch Krebs-, Waage-, Skorpion- und Fischetage bei zunehmendem Mond sind geeignet.

Pflege: Ein dichter Rasenteppich braucht reichlich Stickstoff, der am besten mittels organischen Düngers zugeführt werden kann. Dazu wählt man den abnehmenden Mond (kurz nach Vollmond) in einem Wasserzeichen (Krebs, Skorpion, Fische).

Mähen: Frisch angesäter Rasen sollte erstmals nach etwa vier Wochen, dann im etwa 14-tägigen Rhythmus mit der Sense oder Sichel gemäht werden. Ist der Rasenteppich gefestigt, kann der Rasenmäher eingesetzt werden. Gemäht wird von Ende April bis etwa Mitte Oktober bei zunehmendem Mond in einem Wasserzeichen.

Sonstige Arbeiten im Garten

Es gibt eine Reihe von Reparatur- und Baumaßnahmen in Hof und Garten, die man erfolgreicher erledigen kann, wenn man die entsprechenden Mondregeln berücksichtigt.

Garten- oder Feldwege legt man am günstigsten an Steinbocktagen bei Neumond oder abnehmendem Mond an. Dann liegen auch die Platten fest und sicher.

Zäune und Pfosten soll man ebenfalls zu diesen Zeitpunkten setzen bzw. erneuern. An einem Jungfrautag bei Neumond oder abnehmendem Mond gesetzt, sind sie angeblich besonders fest und dauerhaft, weil beispielsweise die Nägel besser im Holz bleiben.

Arbeiten am Gartenteich oder an Wasserläufen – etwa eine Erweiterung, die Befestigung des Ufers oder Kanalisierungsmaßnahmen – erledigt man am besten bei zunehmendem Mond an einem Wassertag (Krebs, Skorpion, Fische). Das Gleiche gilt für die Reparatur von Brunnenleitungen.

Landwirtschaft und Tierhaltung mit dem Mond

Dass die allerersten Erkenntnisse über die Wirkung des Mondes auf das irdische Leben aus der Landwirtschaft stammen, hat mindestens zwei gute Gründe. Zum einen handelt es sich hier um einen Bereich, der seit den frühesten Epochen der Menschheit im besten Sinne überlebenswichtig war und deshalb von Anfang an besondere Aufmerksamkeit erfuhr. Zum anderen lassen sich gerade hier die Mondeinflüsse über lange Zeiträume verfolgen und auf ihre Wirksamkeit überprüfen. Dass dieses uralte Wissen unter dem Eindruck des technischen Fortschritts und der Chemisierung in Ackerbau und Viehzucht beinahe verloren ging, ist allerdings auch eine Tatsache. Doch eben nur beinahe, denn in manchen Regionen – so in der italienischen Toskana oder im österreichischen Tirol – wurden die Überlieferungen bewahrt und bis heute praktisch genutzt. Inzwischen finden die Mondregeln für die Landwirtschaft wieder zunehmende Verbreitung. Denn wer wirklich biologischen und ökologischen Landbau betreiben will, kommt um die Berücksichtigung der Mondeinflüsse kaum herum, wenn er naturnah und doch effizient wirtschaften will.

Mondregeln für den Ackerbau

Viele der Regeln, die für Aussaat, Pflanzenpflege und Ernte grundlegend sind (siehe »Erfolgreich gärtnern mit dem Mond«), gelten im Kleinen wie im Großen, also auch für Feldpflanzen – vor allem die allgemeinen Feststellungen:

Bei zunehmendem Mond atmet die Erde aus und ist weniger aufnahmefähig. Die Lebenssäfte und mit ihnen auch die Nährstoffe der Pflanzen steigen während dieser Zeit nach oben. Das oberirdische Wachstum ist deshalb begünstigt.

Bei abnehmendem Mond atmet die Erde ein und ist besonders

aufnahmefähig. Die Säfte und Nährstoffe fließen nach unten, zu den Wurzeln. Das unterirdische Wachstum ist dann begünstigt.

Der Vollmond und der Neumond sind Höhe- und damit auch Wendepunkte in diesem Rhythmus. Die Einflüsse auf Erde und Pflanzen wirken zu diesen Zeiten besonders stark und zuweilen auch belastend, und deshalb sind auch nur wenige Feldarbeiten begünstigt.

Hier sind nun einige Mondregeln, die speziell die Landwirtschaft betreffen. Beachten Sie auch hier, dass der richtige Zeitpunkt nach der Mondkonstellation nur ein Faktor für das Wachsen und Gedeihen der Pflanzen ist – die Bodenverhältnisse und das Wetter sind mindestens ebenso wichtig.

Allgemeine Mondregeln für den Umgang mit Dünger

Richtig angewendet kann Dünger, vor allem wenn er organischen Ursprungs ist, die Bodenfruchtbarkeit wesentlich erhöhen und dafür sorgen, dass gesunde und ertragreiche Pflanzen heranwachsen. Zu viel davon (vor allem vom Kunstdünger) – und zum falschen Zeitpunkt ausgebracht – nützt nicht nur wenig, sondern belastet vor allem die Umwelt, wenn die Nährstoffe unkontrolliert fortgeschwemmt werden oder im Boden versickern und dann ins Grundwasser bzw. in oberirdische Gewässer gelangen.

Deshalb sollte Dünger oder Mist immer nur bei Vollmond oder bei abnehmendem Mond ausgebracht werden. Vom Düngen an Löwetagen (vor allem mit Kunstdünger) ist abzuraten, weil dann die Pflanzen verbrennen könnten. Jauche und Gülle sollten wegen des Grundwasserschutzes möglichst bei Vollmond oder mindestens wenige Tage danach vergossen werden.

Wer einen Misthaufen ansetzen will, wählt dafür ebenfalls vorzugsweise einen Termin bei abnehmendem Mond.

Der Getreideanbau

Beste Ergebnisse erreicht man, wenn Getreide bei zunehmendem Mond an Widder- und Schützetagen ausgesät wird. Auch Löwetage sind günstig, können aber den Boden austrocknen, so dass die Samen nicht schnell keimen.

Nicht so gut sind Aussaattermine bei abnehmendem Mond, vor allem wenn sie noch dazu auf Wassertage (Krebs, Skorpion, Fische) fallen.

Getreide düngen

Wenn es möglich ist, sollte man Getreideflächen bei Vollmond oder kurz danach düngen. Auch der gesamte abnehmende Mond ist günstig, am besten sind da aber die Widder- und Schützetage. Löwetage sind weniger geeignet, und man sollte an ihnen vor allem keinen Kunstdünger streuen, weil dann die Gefahr besteht, dass die Pflanzen »verbrennen«.

Bei zunehmendem Mond ist das Düngen kaum erfolgversprechend. Die Nährstoffe dringen nur schlecht in den Boden ein und werden oft fortgeschwemmt, bevor sie die Wurzeln der Pflanzen erreichen.

Getreide ernten und einlagern

Generell sollte die Ernte der Feldfrüchte bei abnehmendem Mond eingebracht werden. Für Getreide eignen sich die Fruchttage (Widder, Löwe, Schütze) am besten. Weniger gut geeignet ist die Phase des zunehmenden Mondes.

Bei zunehmendem Mond an Blatttagen (Krebs, Skorpion, Fische) sollte möglichst nicht geerntet und eingelagert werden.

Einen Heustock ansetzen

Bei abnehmendem Mond an den Blütentagen (Zwillinge, Waage, Wassermann) angesetzt, fault das Heu nicht, und die Gefahr einer Selbstentzündung ist auch geringer. Günstig ist auch der abnehmende Mond generell.

Setzt man den Heustock aber bei zunehmendem Mond, vielleicht sogar an Wassertagen (Krebs, Skorpion, Fische) an, muss man damit rechnen, dass das Heu bald grau wird und zu schimmeln beginnt.

Der Kartoffelanbau

Kartoffeln sollten an einem Erdtag (Stier, Jungfrau, Steinbock) bei abnehmendem Mond – möglichst kurz nach Vollmond – gelegt werden. Sie sollten niemals bei zunehmendem (vor allem an

Löwetagen) oder aufsteigendem Mond gelegt werden, sonst kommen sie trotz des Häufelns immer wieder an die Oberfläche!

Kartoffeln häufeln

Diese wichtige Pflegearbeit soll bei zunehmendem Mond an Wurzeltagen (Stier, Jungfrau, Steinbock) durchgeführt werden. Günstig sind auch Blütentage (Zwillinge, Waage, Wassermann) bei zunehmendem Mond.

Weniger günstig ist es bei abnehmendem Mond, ganz ungünstig bei abnehmendem Mond an Löwetagen.

Kartoffeln ernten und einlagern

Ernte und Einlagerung der Kartoffeln sollte am besten an Widder-, aber auch an Stier- und Steinbocktagen bei abnehmendem Mond erfolgen. Erntet man bei abnehmendem Mond an Jungfrautagen, müssen die Feldfrüchte alsbald verzehrt werden. Nicht zu empfehlen ist die Kartoffelernte bei zunehmendem Mond, vor allem an Krebs- oder Fischetagen.

Der Weinbau

Man setzt die jungen Weinstöcke vorzugsweise bei zunehmendem Mond an Fruchttagen (Widder, Löwe, Schütze).

Der Rebenschnitt erfolgt an ausgewachsenen Rebstöcken bei abnehmendem Mond an Fruchttagen. Junge Reben sollte man aber in den ersten Jahren noch bei zunehmendem Mond (am besten bald nach Neumond) schneiden, damit der Saft nicht stockt.

Gewässert wird – falls erforderlich – immer an Wassertagen (Krebs, Skorpion, Fische), wenn möglich bei abnehmendem Mond. Lufttage (Zwillinge, Waage, Wassermann) sollten auch hier gemieden werden, weil sonst vermehrt Schädlinge auftreten können.

Gedüngt werden die Rebstöcke bei abnehmendem Mond an Widder- oder Schützetagen; an Löwetagen muss man nämlich damit rechnen, dass der Boden stark austrocknet.

Die Bekämpfung von Unkraut und Schädlingen sollte immer bei abnehmendem Mond vorgenommen werden: Unkraut am besten an Steinbocktagen; Schädlinge, die unterirdisch wirken, vorzugsweise an Wurzeltagen (Stier, Jungfrau, Steinbock); Ungeziefer, das oberirdisch Schaden anrichtet, bekämpft man dagegen wirksam an Zwillinge-, Krebs- oder Schützetagen.

Geerntet werden die Trauben am besten bei aufsteigendem Mond. Fällt der Erntetermin dabei aber auf einen Fischetag, so sind diese Trauben zum sofortigen Verbrauch bestimmt.

Das Einkeltern der Trauben ist bei zunehmendem Mond vorteilhafter, weil die Gärung dann früher beginnt und auch rascher verläuft.

Für das Abziehen des Weins wählt man dann wieder einen Termin bei abnehmendem Mond. Das erhöht die Haltbarkeit des edlen Getränks.

Übrigens: Wenn die Reben Krankheitserscheinungen zeigen, kann man sie manchmal vor größerem Schaden bewahren, wenn man die Spitzen kurz vor oder bei Neumond zurückschneidet.

Viehzucht, Tierhaltung und -pflege

Der Einfluss des wechselnden Mondes auf alles Lebendige betrifft natürlich auch die Tiere. Ihr Biorhythmus ist ebenso auf erkennbare, wenn auch nicht immer erklärbare Weise mit dem lunaren Rhythmus verbunden. Jeder, der Tiere um sich hat, wird das bestätigen. Hunde und Katzen z. B. zeigen an Vollmond- und Neumondtagen für gewöhnlich einen erheblich gesteigerten Bewegungsdrang sowie eine deutlich erhöhte Sensibilität. Viele Hundebesitzer – und manche ihrer Nachbarn – können in Vollmondnächten kaum ein Auge zumachen, weil die Vierbeiner äußerst unruhig sind und stundenlang den Mond anheulen. Kater und Katzen sind in diesen Nächten besonders aktiv – sowohl beim Liebesspiel als auch bei den Kämpfen untereinander. Die »Katzenmusik«, die sie dabei veranstalten, ist ein deutlich hörbarer Beweis.

Jäger und Forstleute haben entsprechende Erfahrungen bei wild lebenden Tieren gesammelt, und sie verstehen es, diese Erfahrungen zu nutzen, wenn sie auf die Jagd gehen.

Trächtigkeit und Geburt

Eine alte Bauernweisheit besagt, dass Tiere, die an Vollmondtagen oder in der Nähe des Vollmondes geboren werden, besonders widerstandsfähig und gesund sind. Landwirte und Tierzüchter wenden diese Erkenntnis an, indem sie entsprechend günstige Termine für die Befruchtung (Belegung) ihrer Tiere auswählen. So ist es z. B. besonders günstig, wenn Kühe um Neujahr trächtig werden: Dann werden die Kälber am oder um den Oktobervollmond geboren. Diese Kälber sind sehr gesund, und die Geburt verläuft meist unkompliziert. Die Termine lassen sich anhand der bekannten Trächtigkeitszeiten errechnen.

Trächtigkeits- bzw. Brutzeit in Tagen

Ente	27–29	Pferd	230–355
Gans	29–31	Pute	29–30
Haushund	63–64	Rind	280–283
Hauskatze	63–65	Schaf	146–154
Huhn	20–21	Schwein	112–116
Zwerghuhn	26–27	Taube	17–18
Kaninchen	29–32	Ziege	19–155

Geflügelzucht

Günstig ist es, die Eier so bebrüten zu lassen, dass die Küken bei Vollmond schlüpfen. Es werden dann gesunde und kräftige Tiere daraus.

Tiere decken

Es hat sich gezeigt, dass dies bei zunehmendem Mond (möglichst nahe an Vollmond) oft erfolgreich ist. Besonders günstig ist, wenn dann der Mond noch im Löwen steht. Manche Bauern setzen auch auf einen Skorpiontag, unabhängig von der Mondphase.

Wachstum und Gesundheit

Die Einflüsse der verschiedenen Mondphasen auf das Wachstum und die Entwicklung des tierischen Organismus entsprechen im Wesentlichen denen beim Menschen. Es wird beobachtet, dass bei zunehmendem Mond aufbauende und zuführende Maßnahmen besonders wirksam sind. Dagegen sind in der Phase des abnehmenden Mondes einerseits entgiftende und ausschwemmende Einflüsse erfolgreich, andererseits ist die körperliche Aktivität der Tiere größer. Auch die Wirkung der vom Mond durchwanderten Tierkreiszeichen auf die vergleichbaren Körperregionen und Organsysteme scheint entsprechend der beim Menschen zu sein. Das gilt ebenso für den richtigen Zeitpunkt tierärztlicher Behandlung und chirurgischer Eingriffe sowie der Gabe von Heilkräutern.

Entwöhnen von Kälbern

Mit dem Entwöhnen der Jungtiere soll man bei zunehmendem Mond beginnen und sie am Vollmondtag zum letzten Mal trinken lassen. Dann bleiben die Tiere gesund, und sie bekommen ein ausgewogenes Temperament.

Ausnahmen sind Vollmond in Krebs, Löwe oder Jungfrau. Diese Tage wirken sich eher ungünstig auf das spätere Verhalten der Tiere aus.

Enthornen und kastrieren

Bei abnehmendem Mond bluten kastrierte oder enthornte Tiere weniger stark; die Wunden heilen schneller und besser. Allerdings sollte man für das Enthornen Widdertage und für das Kastrieren Skorpiontage meiden.

Huf-, Klauen- und Krallenpflege

Hufe, Klauen oder Krallen soll man nach Möglichkeit bei abnehmendem Mond an Steinbock-, Widder- oder Stiertagen pflegen.

Wenn Hufe, Klauen oder Krallen schlecht wachsen, reibt man sie an Steinbocktagen bei zunehmendem Mond mit Stärkungsmitteln, z. B. Lorbeeröl, ein.

Kräuterbehandlung

Um die Nierentätigkeit eines Tieres anzuregen, gibt man an Waagetagen bei abnehmendem Mond ausschwemmende Heilkräuter, z. B. Brennnesseln, ins Futter. Auf diese Weise erreicht man eine gute Entgiftungswirkung und schützt das Tier vor Erkrankungen.

Schafe scheren

Der günstigste Schurtermin ist eine Woche vor bis zum Vollmond. Nach Vollmond sollte aber nicht mehr geschoren werden.

Stallpflege und -reinigung

Sowohl bei der gründlichen Reinigung und Pflege der Ställe und Gehege als auch beim Bestimmen des Zeitpunktes für den Neubezug eines Stalls ist man erfolgreich, wenn man die Mondeinflüsse auf seiner Seite hat. Auch dazu gibt es ein paar Regeln.

Lagerstreu einbringen

Dazu sollte man bevorzugt den abnehmendem Mond wählen, aber auch ein Termin bei aufsteigendem Mond (Schütze, Steinbock, Wassermann, Fische, Widder, Stier) ist günstig.

Weniger günstig ist es bei absteigendem Mond (Zwillinge, Krebs, Löwe, Jungfrau, Waage, Skorpion). Bei zunehmendem Mond sollte man besser davon absehen.

Neubezug des Stalls

Soll ein Stall neu bezogen werden, wählt man vorzugsweise einen Tag bei aufsteigendem Mond (Schütze, Steinbock, Wassermann, Fische, Widder, Stier), am besten einen Montag, Mittwoch, Freitag oder Samstag.

Bei absteigendem Mond (Zwillinge, Krebs, Löwe, Jungfrau, Waage, Skorpion), besonders aber an Dienstagen, Donnerstagen oder Sonntagen, ist das Beziehen eines Stalls nicht besonders erfolgversprechend.

Stallreinigung

Alle Reinigungs- und Pflegearbeiten führt man am besten bei abnehmendem Mond durch: Günstig sind die Luft- (Zwillinge, Waage, Wassermann) und Wassertage (Krebs, Skorpion, Fische). Auch der absteigende Mond (Zwillinge, Krebs, Löwe, Jungfrau, Waage, Skorpion) kann empfohlen werden.

Ungünstig ist es, diese Arbeiten bei zunehmendem Mond durchzuführen.

Weideauftrieb und -abtrieb

Wenn Weidetiere gesund bleiben und gut gedeihen sollen, ist der Termin des ersten Weideauftriebs im Frühjahr besonders wichtig.

Von diesem Zeitpunkt hängt es auch ab, wie sich die Tiere auf der Weide bzw. auf der Alm miteinander vertragen. Die Bergbauern haben dafür einige Regeln.

Viehaustrieb auf die Weide

Der erste Weideauftrieb sollte bei absteigendem Mond – am besten an einem Waagetag – erfolgen. Nicht so günstig sind Krebs- und Löwetage. Außerdem hat es sich gezeigt, daß der beste Wochentag der Montag ist.

Ungünstig sind Dienstag und Donnerstag. Diese Tage eignen sich im übrigen auch nicht für den Transport von Tieren aller Art.

Viehabtrieb von der Weide

Der Weideabtrieb der Tiere im Herbst sollte unbedingt bei zunehmendem Mond vor sich gehen, dann bleiben die Tiere im Winter kräftig und geben reichlich Milch.

Milchverarbeitung

Die Verarbeitung der Milch zu Butter, Sahne oder Käse gelingt am besten an Feuertagen (Widder, Löwe, Schütze), aber auch Lufttage (Zwillinge, Waage, Wassermann) sind günstig. Meiden sollte man die Wassertage (Krebs, Skorpion, Fische), weil dann die Milch wässrig wird.

Übrigens: Käse sollte man bevorzugt an Feuertagen ansetzen, niemals an Jungfrautagen. Käse reift schneller, wenn er bei zunehmendem Mond bereitet wird, langsamer, wenn man ihn bei abnehmendem Mond ansetzt.

Schlachten

Wenn man kurz vor bzw. an Vollmond schlachtet, ist das Fleisch saftiger und aromatischer als zu anderen Zeitpunkten. Die Weiterverarbeitung kann dann bei abnehmendem Mond erfolgen, so dass eine bessere Haltbarkeit der Erzeugnisse gewährleistet ist.

Beruf und Karriere – kann der Mond helfen?

Beruf und Karriere haben auf den ersten Blick wenig mit irgendwelchen Himmelsereignissen zu tun. Doch sie haben etwas mit uns selbst zu tun, mit Charakter und Talent, mit unserer Einstellung zu Beruf und Disziplin, mit unserem Willen, vorwärts zu kommen, oder mit unserer Trägheit.

Wir wissen, dass der Mond die Natur und das Leben beeinflusst, dass im Verlauf seines Erdumlaufs unterschiedliche Energien wirken. Diese Energien haben Auswirkungen auf unsere berufliche Entwicklung: Einige unserer ganz persönlichen Charaktereigenschaften können verstärkt und unterstützt, andere eher abgeschwächt werden.

Gerade im beruflichen Bereich gilt, dass Arbeiten, die erledigt werden müssen, natürlich nicht wegen des Mondes verschoben werden können. Doch Sie sollten einmal darauf achten, wie z. B. Verhandlungen zu den verschiedenen Zeitpunkten und Konstellationen verlaufen. Vielleicht bemerken Sie an sich selbst bestimmte Verhaltensweisen, die mal mehr und mal weniger stark ausgeprägt sind. Möglicherweise erkennen Sie eine Regelmäßigkeit darin, wenn Sie in Verhandlungen manchmal ungeduldiger sind, manchmal kompromissbereiter. Vielleicht lohnt es sich ja, bei der Planung eines wichtigen Termins auf die Mondkonstellationen zu achten! In diesem Sinne sollen die nachfolgenden Tipps Hilfe und Anregung sein.

Was die Mondphasen unterstützen

Bei Neumond können berufliche bzw. geschäftliche Angelegenheiten erfolgreich abgeschlossen werden. Auch ein beruflicher Neubeginn oder der Vorstoß in geschäftliches Neuland ist in dieser Mondphase begünstigt.

Bei zunehmendem Mond können schwierige Verhandlungen erfolgreich geführt sowie neue Projekte geplant und vorbereitet werden.

Der Vollmond ist dagegen keine so gute Zeit für geschäftliche Aktivitäten, man sollte jetzt vor allem keine riskanten Transaktionen tätigen.

Der abnehmende Mond ist wiederum eine besonders geeignete Phase, um energievoll und dementsprechend leistungsstark ans Werk zu gehen.

Die Impulse der Tierkreiszeichen

Es gibt eine Reihe von Mondimpulsen, die vor allem durch den Einfluss der Tierkreiszeichen geprägt sind und deren Berücksichtigung vielleicht von Vorteil für Sie sein kann. Es lohnt sich auf alle Fälle, sie in den nachfolgend genannten Situationen einmal auszuprobieren. Auf keinen Fall aber sollte man sie als Dogma betrachten oder gar davon ausgehen, dass Erfolg oder Misserfolg allein davon abhängen. Vertrauen Sie auch hier wieder zu allererst Ihrer Erfahrung und der Intuition.

Bewerbung, Vorstellungsgespräch

Wer sich für eine neue Stelle interessiert, sollte sich bei abnehmendem Mond, am besten wenige Tage nach Vollmond, bewerben oder für diese Zeit ein Vorstellungsgespräch vereinbaren. Besonders empfohlen werden für diese Vorhaben Löwe-, Jungfrau- oder Schützetage bei abnehmendem Mond. An diesen Tagen gelingt es besonders gut, sich vorteilhaft zu präsentieren.

Wenn es sich einrichten lässt, sollte man eine neue Stelle bei Neumond oder wenigstens bei zunehmendem Mond im ersten Viertel, vorzugsweise an einem Stier- oder Steinbocktag, antreten.

Lernen

Vor dem Erfolg steht oft das Lernen. Da hat man bei zunehmendem Mond in Zwillinge, Löwe, Jungfrau oder Wassermann die besten Erfolge. Aber auch Zwillinge-, Löwe-, Jungfrau- und Wassermanntage allgemein sind gut geeignet. Weniger zu empfehlen sind Krebs- und Fischetage bei abnehmendem Mond. Wenn es irgend geht, sollte man an Fischetagen grundsätzlich eine Erholungspause einlegen, weil man an diesen Tagen eh nicht allzu viel schafft.

Wer unmittelbar vor einer Prüfung büffeln muss, kann auch auf Skorpion, Schütze und Steinbock setzen, unabhängig von der Mondphase.

Schreiben

Wer kennt das nicht? Manchmal will einem keine Zeile gelingen, an anderen Tagen »fließt« es einem nur so aus den Fingern. Letzteres sollte vor allem an Zwillinge-, Jungfrau- (besonders Geschäftspost) und Skorpiontagen gelingen. Wenn der Mond an diesen Tagen abnimmt, hat dies noch eine zusätzliche schreibfördernde Wirkung. Falls es nicht unbedingt sein muss, sollte man das Schreiben an Krebs-, Schütze- und Fischetagen bei zunehmendem Mond lieber lassen.

Neue Projekte planen

Wenn es darum geht, vorausschauend Projekte und Termine zu planen, eignen sich dafür Skorpion-, Steinbock- und Wassermanntage, vor allem bei zunehmendem Mond, besonders gut.

Mühevoller und weniger erfolgreich wird diese Arbeit wahrscheinlich bei abnehmendem Mond in Krebs, Waage oder Fische verlaufen.

Übrigens: Wenn es möglich ist, sollte man bei Neumond damit beginnen, das Geplante in die Tat umzusetzen. Der Wille zum Erfolg wird dann besonders groß sein.

Arbeiten ausführen, die Körperkraft erfordern

Es hat sich gezeigt, dass dies bei abnehmendem Mond nachmittags zwischen 14 und 18.30 Uhr besonders erfolgversprechend ist. Günstig ist es in jedem Fall, solche Arbeiten bei abnehmendem und nicht bei zunehmendem Mond durchzuführen.

Bei Neumond kann es sein, dass es einem sehr schwer fällt, große körperliche Kräfte zu mobilisieren.

Arbeiten erledigen, die sehr viel Feingefühl erfordern

Besonders entwickelt ist das Fingerspitzengefühl bei abnehmendem Mond an Waagetagen, aber auch an Krebs- und Wassermanntagen. Bedeutend geringer ist es bei zunehmendem Mond an Jungfrautagen.

Werbung

Alle Angelegenheiten, die mit Werbung zu tun haben, sind an Zwillinge-, Skorpion- und Wassermanntagen, vor allem bei abnehmendem Mond, begünstigt. Der zunehmende Mond ist dafür aber weniger günstig, vor allem wenn er in Krebs, Jungfrau, Steinbock oder Fische steht.

Behördengänge

Auch wenn man sie nicht liebt, manchmal sind sie eben erforderlich! Wenn Sie es sich aussuchen können, sollten Sie Ämter bei abnehmendem Mond an Jungfrau- oder Steinbocktagen aufsuchen. Überhaupt sind Jungfrau- und Steinbocktage mehr begünstigt als andere.

Vermeiden sollte man Behördengänge aber möglichst bei Vollmond, um eventuellem Ärger aus dem Weg zu gehen.

Rechtsangelegenheiten klären

Juristisches erledigt man am günstigsten bei abnehmendem Mond im Schützen. Aber auch die Schützetage allgemein sowie Zwillinge- und Jungfrautage sind geeignete Termine für einen Besuch beim Rechtsanwalt oder Notar.

Wenn es möglich ist, sollte man Fischetage bei zunehmendem Mond für solche Angelegenheiten besser meiden.

Verhandlungen führen, Verträge abschließen

Wenn es hart zur Sache geht, sollte man für Verhandlungen und Vertragsabschlüsse einen Termin an Widder-, Schütze- oder Wassermanntagen bei zunehmendem Mond wählen.

Weniger günstig sind Krebs- oder Fischetage bei abnehmendem Mond.

Geschäftsbeziehungen ausbauen

Wer neue Partner oder Kunden gewinnen will, ist gut beraten, sich an Zwillinge-, Steinbock- oder Wassermanntagen, vor allem bei abnehmendem Mond, entsprechend zu bemühen. Bei zunehmendem Mond kann es sein, dass die neuen Kontakte nur mühsam aufgebaut werden können.

Budgetplanung

Günstig dafür sind Stier- und Steinbocktage bei zunehmendem Mond.

Bei abnehmendem Mond, vor allem an Krebs- und Fischetagen, besteht die Möglichkeit, dass man zu keinem abschließenden Ergebnis gelangt.

Geldangelegenheiten regeln

Ob eine Geldsumme angelegt oder ein Kredit aufgenommen werden soll – am besten regelt man alle Geldangelegenheiten bei zunehmendem Mond an einem Erdtag (Stier, Jungfrau, Steinbock). Auch Widder- und Waagetage sind geeignet.

Bei abnehmendem Mond, noch dazu an Wassertagen (Krebs, Skorpion, Fische), und ganz besonders bei Vollmond sollte man besser die Finger von Gelddingen lassen.

Anschaffungen, größere

Stiertage und abnehmender Mond, am besten kurz vor Neumond, sind die besten Zeiten, um sich für größere Einkäufe zu entscheiden bzw. sie zu tätigen. Für den Kauf eines Autos sind auch noch Löwe-, Skorpion- und Wassermanntage gut geeignet.

Bei Vollmond ist man damit nicht so gut beraten: Man könnte es wenig später schon bereuen.

Verkäufe

Wenn man etwas veräußern will, sollte man es bei abnehmendem Mond, am besten an Widder-, Stier-, Zwillinge-, Löwe-, Waage-, Schütze- oder Steinbocktagen, anbieten bzw. verkaufen. Wassertage (Krebs, Skorpion, Fische) sind weniger gut geeignet.

Kommunikation

An Zwillinge-, Löwe- und Wassermanntagen kommt man leichter mit anderen Menschen ins Gespräch und ist in der Lage, Verständigungsbarrieren zu überwinden. Auch Waage-, Widder- und Krebstage sind recht günstig.

An allen Stier-, Steinbock- und Fischetagen dürfte das Kommunizieren allgemein etwas schwerer fallen.

Kreativität

Besondere Einfälle, ausgefallene Ideen und originelle Lösungen stellen sich häufiger bei abnehmendem Mond an Löwe-, Waage-, Wassermann- und Fischetagen ein. Diese Tage sind auch in anderen Mondphasen gut für kreatives Arbeiten. Weniger günstig sind Widder- und Jungfrautage, an denen man besser Praktisches und Routinetätigkeiten erledigen sollte.

Übrigens: Für Künstlerisch-Kreatives empfehlen sich auch die Tage, an denen der Mond in den Zwillingen steht.

Reiseplanung

Erfordert die Vorbereitung einer größeren (Dienst-)Reise einigen Aufwand, so ist es ratsam, die Planung dafür an Jungfrau- und Steinbocktagen, am besten bei zunehmendem Mond, zu erledigen. Dann gibt es ein bisschen weniger Stress und Reibungsverluste.

Fortbildung/Seminar

Die Termine dafür wird man sich in der Regel nicht aussuchen können. Sollte man aber in der Position sein, dass man solche Veranstaltungen organisiert, lohnt es sich zu wissen, dass Fortbildungslehrgänge und -seminare besonders kreativ und erfolgreich verlaufen, wenn sie an Schütze- oder Steinbocktagen bei zunehmendem Mond beginnen.

Versteigerungen

Bei Neumond wäre es besonders günstig, auf einer Auktion mitzubieten. Auch bei zunehmendem Mond in Widder, Krebs, Waage oder Steinbock bestehen gute Chancen, ein Schnäppchen zu machen.

Freundschaft, Liebe und Partnerschaft – nicht immer ist Honigmond

Eines ist sicher: Das Gelingen oder Scheitern einer Partnerschaft hat wenig mit dem Mond zu tun. Es geht um die Gefühle zweier Menschen, die miteinander zurechtkommen wollen. Aber da der Mond auf jeden Einzelnen wirkt, überträgt sich diese Wirkung auch auf unsere Beziehungen zu anderen Menschen – ganz egal, ob es sich dabei um eine flüchtige Romanze, um eine leidenschaftliche erotische Bindung oder ein auf Treue und Harmonie begründetes Liebesverhältnis handelt. Dieser Mondeinfluss ist dabei weitgehend unabhängig von den Mondphasen, er gründet sich hauptsächlich auf die Impulse der Tierkreiszeichen, in denen sich der Mond gerade befindet.

Mond und Libido

Wie schon festgestellt, bewirken die Mondphasen vergleichsweise wenig im Bereich der zwischenmenschlichen Beziehungen. Allerdings haben sie einen gewissen Einfluss auf die Intensität einer Beziehung – vor allem auf die Sexualität.

Wenn der Mond zunimmt, wird auch das sexuelle Verlangen zunehmend größer und fordernder, je näher der Vollmond rückt.

Bei Vollmond spürt man oft stürmische Begierde nach körperlicher Liebe; vor allem in den Nächten werden heftige Triebe geweckt.

Bei abnehmendem Mond kommen die wilden Leidenschaften allmählich zur Ruhe; die Liebe wird umso zärtlicher und sanfter, je mehr sich die Mondsichel verkleinert.

Bei Neumond schließlich kommt in aller Regel das Verlangen für einen kurzen Augenblick zur Ruhe. Wir gelangen wieder zu mehr innerer Ruhe und können intensiver darüber nachdenken, wie wir unsere Beziehung in Zukunft gestalten wollen.

Die Impulse der Tierkreiszeichen

Die folgende Aufstellung zeigt, welches Verhalten oder welche Stimmung von den Tierkreiszeichen beeinflusst sind. Danach sollten Sie nicht ihre Beziehung planen, doch Sie können sich so auf manches besser einstellen. Es gibt z. B. Tage mit einer besonders aggressiven Atmosphäre – da ist es ratsam, keine heiklen Themen klären zu wollen. Sie nutzen besser einen Tag mit harmonischer Grundstimmung, um eben diese Streitpunkte zu beseitigen.

Auch für den erotischen Bereich gibt es unterschiedliche Impulse – mal eher sanft und zärtlich, mal eher wild und hemmungslos, aber eben auch mal kühl und kalkulierbar.

Übrigens: Wenn es wirklich gar nicht mehr geht – eine Trennung schmerzt weniger, wenn eine Beziehung bei abnehmendem Mond in den Zwillingen oder im Wassermann beendet wird. Je näher an Neumond, desto leichter kann man den Verlust verkraften.

An Widdertagen 🐏

An diesen Feuertagen geht es leidenschaftlich zu. Man schließt leicht neue Bekanntschaften – heiße Flirts und kühne Eroberungen liegen in der Luft. Doch wenn der eine oder die andere dabei zu weit geht, kann die Stimmung auch schon mal etwas gereizt sein. Die Erotik ist entsprechend stürmisch und feurig. Da nimmt man schon einmal die eine oder andere Gelegenheit wahr, ohne immer erst an den Morgen danach zu denken.

An Stiertagen 🐂

Diese Erdtage sind nicht so bedächtig, wie die rundum harmonische Grundstimmung vermuten lässt. Da werden nicht nur Zukunftspläne geschmiedet – da werden sie oft auch verwirklicht. Stiertage sind die beliebtesten Hochzeitstermine, an denen – vor allem nach der Feier – auch die Sinnlichkeit nicht zu kurz kommt.

In der Erotik fehlt es jetzt allerdings ein wenig an Spontaneität. Aber nach einem guten Essen bereitet auch die Liebe viel Genuss. Überzeugte Singles sollten allerdings auf der Hut sein: Aus einem Date am Stiertag kann – leichter als an anderen Tagen – ein feste Bindung werden!

An Zwillingetagen 👫

Diese Lufttage sind geradezu ideal, um alte Freundschaften zu festigen und neue Bekanntschaften zu schließen.

In der Erotik geht es an Zwillingetagen eher flüchtig und unverbindlich zu; es kann durchaus sein, dass eine nächtliche Eskapade am nächsten Morgen schnell vergessen ist.

An Krebstagen 🦞

Vor allem starke Gefühle kennzeichnen diese Wassertage. Die Nächte – am besten bei Kerzenschein und leiser Musik – sind erfüllt von Zärtlichkeit. So etwas gibt es an Krebstagen nicht nur für jung Verliebte, sondern auch für »alte« Ehepaare, wenn sie sich nur auf ihre Gefühle einlassen. Krebstage sind sowieso wie geschaffen dafür, Familienbande zu festigen und Freundschaften zu pflegen.

In der Erotik ist an Krebstagen immer die Seele involviert. Eine tiefe gegenseitige Anziehung entwickelt sich besonders in stimmungsvoller Atmosphäre. Dabei ist meist auch die Sehnsucht nach einer dauerhaften Bindung mit im Spiel.

An Löwetagen 🦁

»Flirten und erobern« heißt das Motto der feurigen Löwetage. Dabei ist alles möglich: heiße Leidenschaft, stimmungsvolle Romantik und sanfte Zärtlichkeit – spätere Heirat nicht ausgeschlossen.

In der Erotik ist Verführung angesagt. Er oder sie wird es nach allen Regeln der Kunst versuchen. Blumen gehören dazu, ein feuriger Wein und raffinierte Düfte – ein Luxus, den man sich wahrlich nicht alle Tage gönnt.

An Jungfrautagen 🐆

Kaum zu glauben, dass nach dem Beziehungshoch der vergangenen Löwetage so schnell wieder der schnöde Alltag einkehrt! Eher kühl geht es an diesen Erdtagen zu. Schnell gibt ein Wort das andere, und schon ist die Stimmung im Keller. Wer das vermeiden will, geht jetzt am besten jedem Streit aus dem Weg.

In der Erotik knistert es an diesen Tagen nur wenig. Man ist eher ein bisschen prüde und auch ängstlich – vor allem, wenn die Bedingungen für eine ungestörte Zweisamkeit nicht hundertprozentig gegeben sind.

An Waagetagen ♎

Harmonie bestimmt diese Lufttage – bestens geeignet, um Freundschaften zu pflegen und neue Freunde zu gewinnen. Auch der Partner und die Familie sind heute besonders dankbar für liebevolle Zuwendung und kleine Aufmerksamkeiten; ein Blumenstrauß oder die Einladung zu einem Abendessen bei Kerzenschein kann viel zur Festigung und Vertiefung der Beziehung beitragen.

Die Erotik wird an Waagetagen eher stilvoll zelebriert als leidenschaftlich gelebt. Manchmal kann es Probleme geben, weil sich der eine oder die andere nur schwer entscheiden kann, ob und wie man es tun soll.

An Skorpiontagen ♏

Skorpiontage sind Tage voller Sinnlichkeit. Treffen jedoch zwei Partner aufeinander, die von dieser Stimmung nicht gleichermaßen ergriffen sind, kann es auch zu Unstimmigkeiten kommen, die sich in Gereiztheit und Missverständnissen äußern. Es ist deshalb an diesen Tagen besonders wichtig, die Balance zu halten.

Die Erotik an Skorpiontagen ist knisternd, leidenschaftlich und von besonderem Reiz. Da gehen schon einmal ganz geheime Wünsche in Erfüllung, da probiert man auch schon mal etwas aus, was jenseits des Alltäglichen zu sein scheint.

An Schützetagen ♐

Mit dem Partner oder Freunden über die Zukunft reden, Streitigkeiten aller Art schlichten, neue Bekanntschaften schließen – dafür sind die Schützetage wie geschaffen. Dabei ist es gut möglich, dass aus einer flüchtigen Begegnung ein zunächst loser Kontakt wird und plötzlich durchaus ernsthafte Absichten mit im Spiel sind.

Wenn es um die Erotik geht, ist an den feurigen Schützetagen Abwechslung gefragt. Allerdings weniger, was den Partner betrifft, sondern viel mehr den Ort. Manche zieht's an diesen Tagen in die Weite, andere an den Busen der Natur, um sich an der Liebe zu erfreuen.

An Steinbocktagen 🐐

Eine gewisse Melancholie kann die stimmungsmäßig eher kühlen Steinbocktage wie mit einem Schleier überziehen. Man verkriecht sich dann gerne ein wenig in sich selbst und ist nach außen hin meist zurückhaltend. Der Schoß der Familie vermittelt da genug Schutz und Geborgenheit, die man still genießen kann.

Wenn von Erotik an Steinbocktagen überhaupt die Rede sein kann, absolviert man sie eher pflichtgemäß und ohne große innere Beteiligung. Man tut es, weil es sich so gehört.

An Wassermanntagen 🏺

Wenn es um die gemeinsame Zukunft geht, findet man an diesen Lufttagen mit dem Partner viel Gesprächsstoff und reichlich Übereinstimmung. Nicht selten ist dann auch von Heirat die Rede. Aus einer herzlichen Freundschaft wird an diesen Tagen manchmal eine ernsthafte Liebesbeziehung, die nach Erfüllung strebt.

In erotischer Hinsicht ist an Wassermanntagen alles möglich und alles erlaubt, wenn beide ihre Freude daran haben.

An Fischetagen 🐟

Besonders starke Gefühle prägen diese Tage, die nach Zärtlichkeit und seelischer Harmonie verlangen. Diese Grundstimmung betrifft nicht nur die unmittelbare Lebenspartnerschaft, sondern auch den weiteren Familienkreis und die Freunde. »Geben ist seliger als nehmen« könnte die Losung für diese Tage heißen.

Voller Gefühl ist auch die Erotik. Man öffnet sein Herz, gibt sich ganz hin und genießt den süßen Schmerz, der sich in jeder tiefen Beziehung verbirgt.

Mond und Freizeit – Erholung, Hobby, Abenteuer

Freizeit ist die Zeit, wovon die einen viel zu wenig haben, aber auch die Zeit, mit der manche oft nichts Rechtes anfangen können. Viel zu schnell ist sie dann wieder vorbei – ohne dass sie das gebracht hätte, was man von ihr erwartet hat. Muss man Freizeit also planen? Man muss nicht, aber man kann! Denn diese Zeit ist viel zu wichtig, als dass man sie ungenutzt oder sinnlos verbringen, also vergeuden sollte.

Es ist wichtig, sich diese Zeit zu nehmen, in der man sich regenerieren, von den Anstrengungen des Berufes und anderer Verpflichtungen erholen, also wieder auftanken kann. Auf welche Weise dies geschieht, ist individuell verschieden. Die unterschiedlichen Bedürfnisse hängen vom jeweiligen Typ ab – und natürlich auch von äußeren Gegebenheiten wie Wetter oder Jahreszeit. Doch gerade wenn man ein Fest oder einen Ausflug plant, ins Theater oder Konzert gehen will oder einen Einkaufsbummel vorhat, sollte man ruhig einen Blick in den Mondkalender werfen, denn dieser kann eine gute Entscheidungshilfe leisten.

Der Mond beeinflusst die Stimmung

Für einen Ausflug z. B. ist die auch vom Tierkreiszeichen des betreffenden Tages beeinflusste Witterung zu beachten. Fällt der geplante Ausflug auf einen Kältetag, sollte man keinesfalls warme Kleidung vergessen. Wärmetage hingegen sind dafür sehr günstig, auch wenn an Löwetagen häufig Gewitterneigung herrscht und deshalb ein Regenschutz ins Gepäck gehört.

Für Unternehmungen wie Kinobesuche oder Abende im Freundeskreis, ist die Wirkung des jeweiligen Tierkreiszeichens auf die Tagesstimmung interessanter. Diese gibt Anhaltspunkte, wie man sich unter Umständen fühlen und verhalten wird. Solche Einflüsse sind in der Regel nicht unmittelbar zu spüren. Man kann eher sagen, dass sie vorhandene Neigungen leicht in eine bestimmte Richtung lenken.

Der Mond befindet sich aber immer nur zwei bis drei Tage in einem der Tierkreiszeichen, so können sich die Energien nicht allzu stark entwickeln. Spürbarer hingegen ist dagegen schon der Einfluss der Mondphasen. Wenn man den 28-tägigen Lauf des Mondes um die Erde in vier wiederkehrende Abschnitte einteilt, kann man ihn als Lebensrhythmus sehen und mit den Jahreszeiten vergleichen.

Der Mond-Jahresrhythmus

Beginnend mit dem Neumond, stehen die ersten sieben Tage des Zyklus für den Frühling. Wir bekommen frische Energie, sind kontaktfreudig und können uns endlich dazu aufraffen, lange vor uns hergeschobene Dinge in Angriff zu nehmen. Pläne werden gemacht, Ausflüge oder Feste organisiert.

Die zweiten sieben Tage des Mondzyklus können dem Sommer gleichgesetzt werden. Es ist Energie vorhanden, wir können viel schaffen, sind aber nicht so effektiv wie in der ersten Zeit des abnehmenden Mondes. Zwei Tage vor Vollmond wird es kritisch. Die Menschen sind unruhiger, reizbarer. Wer dies weiß, kann versuchen, dem entgegenzuwirken, indem er auf Provokation bewusst gelassen reagiert und somit eventuell Streit verhindert.

Sobald der Vollmond vorüber ist, beruhigen sich die Menschen langsam wieder. Vergleichbar mit dem Herbst in der Natur, kann jetzt das, was im ersten Quartal begonnen wurde, zur Reife gelangen. Pläne werden ausgeführt, Feste gefeiert, Kontakte gepflegt.

Die letzten sieben Tage stehen für den Winter, für das Kräfteschonen vor dem Neubeginn. Es ist Zeit, sich zurückzuziehen, zur Ruhe zu kommen und sich auf den nahenden Neuanfang vorzubereiten.

Die Impulse der Tierkreiszeichen

Im Folgenden werden einige der wichtigsten Freizeitbeschäftigungen genannt und die dafür günstigsten Termine angegeben. Günstig – das bedeutet, dass man an den genannten Tagen oft besondere Lust auf diese Aktivitäten hat und dass diese dann auch besonders erfolgreich verlaufen bzw. viel Freude und Erholung bringen können.

Ausruhen, meditieren, träumen

Gleich zu Beginn dieses kleinen Mond-Freizeitführers geht es um das, was viele am liebsten in ihrer freien Zeit machen wollen – mal so richtig ausspannen, die Seele baumeln lassen, wie man sagt. Allerdings gelingt das nicht immer so, wie man es sich vorstellt. An manchen Tagen kommt man einfach nicht zur Ruhe; für andere, an denen einem dann die Augen fast von selbst zufallen, hat man sich schon lange vorher etwas vorgenommen, das keine Zeit zum Ausruhen lässt. Warum also nicht die Erholung planen, und warum nicht mit dem Mond?

Wenn man einfach nur ausruhen und abschalten will, dann ist der zunehmende Mond die günstigste Phase, vor allem an Krebstagen.

Für eine Zeit des Sich-Sammelns, der Meditation und des Tagträumens wählt man am besten Wassertage, optimalerweise auch bei zunehmendem Mond. Da gelingt es am besten, zu sich selbst zu finden, um danach den Herausforderungen des Alltags wieder mit neuen seelischen Kraftreserven zu begegnen.

Wer den Zugang zum Spirituellen – zu religiösen oder auch esoterischen Denk- und Lebenswelten – finden möchte, sollte sich bevorzugt an Fischetagen auf die Suche begeben.

Einen Ausflug machen

Wenn der Mond in Widder, Stier, Jungfrau oder Schütze steht (vor allem bei abnehmendem Mond), zieht es einen ins Grüne, zum Wandern oder einfach nur zum Spazierengehen. An Stiertagen haben die Berge eine besondere Anziehungskraft. An Zwillingetagen wäre beispielsweise eine Fahrradtour angesagt. An Krebs- und Fischetagen ist ein Ausflug ans Meer, an den See oder entlang des Flussufers besonders reizvoll. An den Feuertagen (Widder, Löwe, Schütze) sollte man den Picknickkorb nicht vergessen.

Ein Besuch bei Verwandten oder Freunden

Ein Besuch bei den Eltern oder anderen Verwandten wird an Krebs-, Löwe- und Fischetagen als sehr angenehm empfunden. Freundschaften festigt man durch Besuche und Treffen an Zwillinge-, Krebs-, Waage- und Wassermanntagen.

Ein Fest feiern

Laut, fröhlich oder einfach entspannend – an Lufttagen (Zwillinge, Waage, Wassermann) und Löwetagen lädt man gerne zur Party mit Freunden oder Kollegen ein. An einem Wassermanntag sollte der Kreis etwas kleiner, die Stimmung etwas besinnlicher sein. Wenn der Mond durch Löwe oder Waage geht, darf's ruhig etwas mehr sein – dann ist man so richtig in Stimmung für ein glänzendes Fest oder eine rauschende Ballnacht.

Übrigens: Man kann damit rechnen, dass die Stimmung bei abnehmendem Mond besonders ausgelassen ist.

Ins Kino gehen

Ob Großleinwand im Filmpalast oder heimisches Pantoffelkino mit Video oder DVD – vor allem an Fische-, aber auch an Luft- (Zwillinge, Waage, Wassermann) und Widdertagen schaut man sich besonders gerne Filme an.

Ein Konzert- oder Opernbesuch

Sehr günstig ist es, wenn Sie sich an Löwe-, Waage- oder Wassermanntagen dazu entschließen. Die Klänge werden Sie verzaubern – der Abend wird zum Erlebnis der besonderen Art.

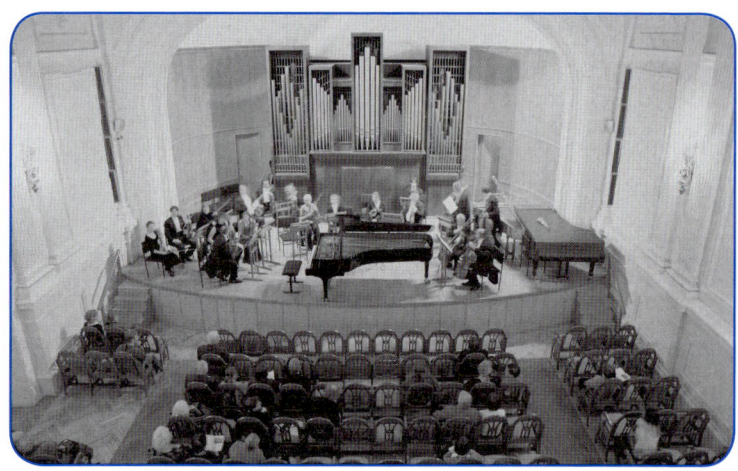

Wenn der Mond sich in Löwe, Waage oder Wassermann befindet, kann ein Opern- oder Konzertbesuch zu einem besonderen Erlebnis werden.

Übrigens: Wer selbst Musik machen will, wird seine besondere Freude daran haben, wenn sich der Mond in Stier, Krebs, Skorpion oder Fische befindet.

Etwas Feines kochen

Es gibt sicher mehrere Gründe dafür, dass ein mit aller Liebe zubereitetes Essen manchmal einfach nicht gelingen will, während es zu anderen Zeiten herrlich aussieht und vor allem köstlich schmeckt. Vielleicht verlassen Sie sich einfach mal auf den Mond und greifen dann wieder zu Schürze und Kochlöffel, wenn der (abnehmende) Mond in Krebs, Waage oder Fische steht. Probieren Sie es aus – Sie werden von Ihren Verwandten und Freunden viel Lob für Ihre Kochkunst ernten.

Noch ein Tipp: Nehmen Sie als Grundlage Ihres »Mond-Menüs« doch die Lebensmittel, welche dem betreffenden Tierkreiszeichen zugeordnet sind (mehr dazu ab Seite 36).

Kreative und kunstgewerbliche Tätigkeiten

Wenn es um ausgesprochen kreative Hobbys geht – etwa um das Malen, Modellieren oder das Schreiben von Gedichten –, dann sind Löwe-, Waage-, Wassermann- und Fischetage (bei abnehmendem Mond) am besten geeignet.

Für kunstgewerbliche Tätigkeiten – wie etwa Textilgestaltung, Basteln oder Nähen – eignen sich Tage besonders gut, an denen der (abnehmende) Mond durch Stier, Krebs oder Wassermann wandert. Wer sich mit Mode beschäftigen will, dem seien vor allem Waage-, Skorpion- und Wassermanntage empfohlen.

Lesen

Wenn man sich's einrichten kann: An Zwillingetagen bereitet das Lesen besonders großes Vergnügen. Da kann es schon vorkommen, dass man über einem spannenden Buch das Essen oder gar das Schlafen vergisst.

Übrigens: Schütze- und Wassermanntage sind gut geeignet für die politische Lektüre.

Ins Museum gehen

Waage- oder Schützetage sind die besten Termine, um sich wieder einmal den Schätzen der Vergangenheit zu widmen.

Wenn es um moderne Kunst geht, sind die Tage besonders gut geeignet, an denen der (zunehmende) Mond in Löwe, Waage oder Wassermann steht.

Ein Restaurantbesuch

Ob nach dem Kino oder einem anstrengenden Arbeitstag – hin und wieder sollte man sich schon mal verwöhnen lassen, ganz egal, ob es das Luxusrestaurant in der City oder die kleine Kneipe an der Ecke ist. An Stier-, Zwillinge- oder Krebstagen wird man das gastronomische Angebot ganz besonders zu schätzen wissen.

Für ein romantisches Essen zu zweit empfehlen sich Stier- und Wassermanntage sowie vor allem die Tage, an denen der abnehmende Mond in Krebs oder Fische steht.

Schreiben

Egal ob glühender Liebesgruß oder Schulaufsatz – Texte werden flüssiger und schlüssiger, wenn man an Zwillinge-, Jungfrau- oder Skorpiontagen (da vor allem Liebesbriefe) zur Feder greift bzw. die Tastatur des Computers bearbeitet.

Shopping

Einen Einkaufsbummel sollte man an Stier-, Jungfrau- oder Skorpiontagen unternehmen. Diese Termine sind vor allem auch für den Besuch von Modegeschäften oder Boutiquen zu empfehlen.

Aber Vorsicht, an den Skorpiontagen neigt man leicht dazu, ein wenig mehr Geld auszugeben, als man eigentlich vorhatte. Da landet schon mal etwas Luxuriöses in der Tragetasche. Etwas mehr auf den Euro achtet man an den Jungfrau- und Stiertagen.

Sport treiben

Dafür sollte man sich viel öfter Zeit nehmen. Am meisten Spaß macht's allerdings, wenn sich der (abnehmende) Mond in Widder, Schütze oder Fische befindet. Für große Wettkämpfe oder ein Sportfest ist Schütze besonders geeignet. Das Schwimmen belebt und entspannt vor allem an den Fischetagen. Wer mit dem Tauchsport beginnen will, dem sei dazu ebenfalls ein Fischetag empfohlen.

Übrigens: Sie werden wahrscheinlich feststellen, dass die Zeit unmittelbar um Neumond nicht so gut geeignet ist, um sportliche Höchstleistungen zu vollbringen.

Tanzen gehen

Wenn Sie es immer wieder einmal vorhatten und genauso oft wieder verschoben haben, unternehmen Sie doch an einem Widder-, Löwe-, Waage- oder Wassermanntag einen neuen Anlauf! Sie werden sehen, diesmal klappt's, und Sie werden viel Spaß auf dem Parkett oder in der Disko haben. Es ist übrigens zu erwarten, dass Sie bei abnehmendem Mond besonders gut in Form sind.

Andererseits müssen Sie davon ausgehen, dass Sie an Krebs- oder Steinbocktagen wahrscheinlich nicht so richtig in Schwung kommen.

Ins Theater gehen

Wandert der Mond durch die Tierkreiszeichen Widder, Zwillinge, Waage, Steinbock oder Wassermann, ist die Zeit besonders günstig für einen Theaterbesuch. Ob heiter, dramatisch oder tragisch – man nimmt Anteil und genießt den Abend.

Verreisen

Wenn es geht, sollte man Reisen an Widder-, Zwillinge-, Schütze- oder Wassermanntagen antreten, am besten bei abnehmendem Mond. Wenn der Mond in Zwillinge oder Schütze steht, ist es günstig, eine Kurzreise zu unternehmen. Außerdem ist der Schütze für weite Flugreisen besonders angenehm.

Zu guter Letzt noch ein Geheimtipp

Ist man einmal mit einem anderen Menschen so tief zerstritten, dass nichts mehr zu gehen scheint, dann versuchen Sie doch den Zwist an einem Schütze- oder Steinbocktag zu schlichten. Da ist man einfach diplomatischer und toleranter als z. B. an Widder- und Stiertagen.

Die Mondpraxis

- Die Anwendung der Mondregeln
- Mondtipps für jeden Tag – die Mondphasen
- Mondtipps für jeden Tag – der Mondstand
- Der Mond in den Tierkreiszeichen

Mondesaufgang

... O Mond, du bist mir wie ein später Freund,
Der seine Jugend dem Verarmten eint,
Um seine sterbenden Erinnerungen
Des Lebens zarten Widerschein geschlungen,
Bist keine Sonne, die entzückt und blendet,
In Feuerströmen lebt, im Blute endet –
Bist, was dem kranken Sänger sein Gedicht,
Ein fremdes, aber o! ein mildes Licht.

Annette von Droste-Hülshoff (1797–1848)

Die Anwendung der Mondregeln

Es gibt zwei grundsätzliche Wege, das Mondwissen praktisch umzusetzen: Entweder man orientiert sich zunächst nur an den Mondphasen (das ist der einfachere Weg), oder man bezieht von Anfang an auch die Tierkreiszeichen mit ein, die der Mond bei seinem monatlichen Erdumlauf durchwandert (die kompliziertere Vorgehensweise). Wer den ersten Weg wählt, gewinnt rasch einen Überblick und kann die gewonnenen Erkenntnisse sehr schnell im täglichen Leben anwenden. Deshalb sei dieser Weg all denen empfohlen, die erst beginnen wollen, im Einklang mit dem Mondrhythmus zu leben. Wer sich allerdings für den zweiten Weg entscheidet, wird es anfangs vielleicht ein wenig schwerer haben, sich in der Vielfalt der Regeln zurechtzufinden. Dafür wird er aber auch eine Fülle von Anwendungsmöglichkeiten zur Hand haben, die er sehr individuell nutzen kann.

Wie auch immer – die Mondregeln sind keine Vorschriften, die man streng befolgen muss, um automatisch ein gewünschtes Ergebnis zu erreichen. Sie sind vielmehr Hinweise darauf, wie man sein Handeln ausrichten kann, um sich im Einklang mit den Schwingungen der Natur zu fühlen. Man wird dann vielleicht die beglückende Erfahrung machen, dass manches leichter und besser gelingt. Lassen Sie sich also von den vielen Tipps dazu anregen, die eine oder andere Tätigkeit auch mal im Rhythmus des Mondes auszuführen.

Wie Sie dieses Kapitel nutzen können

Auf den folgenden Seiten ist zusammengestellt, auf welche Bereiche des Alltags der Mond wie einwirkt: zunächst in Hinblick auf die vier Mondphasen, dann unter Berücksichtigung des Mondstandes in einem der zwölf Tierkreiszeichen. Für jede dieser Konstellationen erfahren Sie die herrschende Grundstimmung, alle wichtigen Basisinformationen und in Kurzform – entsprechend der im Kapitel »Mit dem Mond leben« gewählten Reihenfolge – die ganz konkreten Mondtipps für den entsprechenden Zeitraum.

Wenn Sie also – vielleicht mit einem Blick zum Nachthimmel – feststellen, dass der Mond gerade zunimmt, können Sie im Abschnitt »Bei zunehmendem Mond« dieses Kapitels nachschlagen, was man während dieser Mondphase im Einklang mit den Mondkräften tun kann und was weniger erfolgversprechend ist.

Schauen Sie dann noch zusätzlich in einem Mondkalender oder in entsprechenden Mondtabellen nach und stellen fest, dass sich der Mond gerade beispielsweise im Tierkreiszeichen Krebs befindet, dann finden Sie entsprechende Tipps im Abschnitt »Der Mond im Krebs« dieses Kapitels.

Ein forschender Blick in den nächtlichen Himmel vermittelt erste Informationen.

Es geht natürlich auch anders herum: Wenn Sie z. B. in Ihrem Garten Wurzelgemüse säen wollen und dafür einen günstigen Mondtermin suchen, sollten Sie zuerst im Kapitel »Mit dem Mond leben« den Abschnitt »Erfolgreich gärtnern mit dem Mond« (ab Seite 90) zu Rate ziehen. Dort erfahren Sie, dass ein Erdtag bei abnehmendem Mond ein geeigneter Zeitpunkt ist. Nun schauen Sie in Ihrem Mondkalender bzw. in den Mondtabellen nach, wann ein solcher Tag zu erwarten ist. Stimmt die Jahreszeit und die Witterung, können Sie das Gemüse dann zum optimalen Termin aussäen.

Praktische Hilfen – die Mondkalender

Im Internet und auch im Buchhandel findet man sogenannte Mondtabellen. Dort findet man für einen bestimmten Zeitraum sowohl die Mondphasen als auch die Tierkreiszeichen, in denen sich der Mond an jedem Tag befindet. In diesen Tabellen wird allerdings meist nicht berücksichtigt, dass der Wechsel der Tierkreiszeichen auch innerhalb eines Tages erfolgt. Das bedeutet, während eines Tages wandert der Mond von einem in das nächste Tierkreiszeichen, so dass an ein und demselben Tag zwei Tierkreiszeichen relevant sein können. Es erscheint dann sinnvoll, in den Tabellen das Zeichen anzugeben, in dem sich der Mond die überwiegende Zeit des Tages (also mehr als zwölf Stunden) aufhält. Denn je größer diese Zeitspanne ist, desto intensiver wirkt das Zeichen auf den Mond und damit auf die Tagesqualität.

Dennoch, wer es genau wissen will, sollte sich einen guten Mondkalender zulegen, der die entsprechenden Übergangszeiten auf die Minute genau enthält. In Literaturverzeichnis des Anhangs finden Sie entsprechende Empfehlungen.

Und noch ein Tipp: Legen Sie ein Mondtagebuch an, in das Sie wichtige Aktivitäten mit Datum, Mondphase und Tierkreiszeichen eintragen. Mondgärtner können auch noch die Witterungsbedingungen registrieren. Dann haben Sie nicht nur ein vorzügliches Instrument, um den Erfolg Ihres Handelns (und der Mondregeln) zu überprüfen, sondern nach einiger Zeit auch ein ganz persönliches Mondbuch, das auf Ihre speziellen Bedürfnisse und Bedingungen ausgerichtet ist.

Mondtipps für jeden Tag – die Mondphasen

So, wie der Mond im Lauf einer Erdumrundung seine für uns sicht-bare Gestalt ändert, so ändern sich auch die Mondkräfte. Die vier verschiedenen Mondphasen vermitteln eine ganz spezifische Grund-stimmung und üben unterschiedliche Eionflüsse auf das irdische Leben aus. Dabei wachsen die Kräfte in dem Maß, wie sich die be-treffende Phase entwickelt, und erreichen ihren Höhepunkt kurz vor dem Wechel, der durch Neu. bzw. Vollmond markiert wird.

Bei Neumond ●

Beim Neumond handelt es sich – genauso wie beim Vollmond – nur um eine kurze Phase. Man rechnet dazu die letzten beiden Tage des abnehmenden Mondes, die eigentliche Neumondzeit (den soge-nannten Mondbruch) von wenigen Stunden sowie den ersten Tag des wieder zunehmenden Mondes.

Die Grundstimmung

Bei Neumond wirken kräftige Impulse auf Mensch und Natur. Man kann sie als Kräfte der Neuorientierung, des Beginnens bezeichnen. Die konzentrierten Energien sind frisch und ursprünglich, regen dazu an, Vorhaben zu planen, die in der Folge dann wachsen und reifen sollen.

Für den menschlichen und tierischen Organismus verstärken die Neumondimpulse die Fähigkeit zur Entgiftung und Entschlackung.

In der Natur kündigen die Impulse des Neumondes Beginnendes an. Die Erde fängt an auszuatmen, die Säfte regen sich.

Was man während dieser Zeit tun kann

Gesundheit

Fasttage einlegen

Damit beginnen, ungesunde Gewohnheiten (z. B. Rauchen) auf-zugeben

Entspannungsübungen durchführen

Heilkräuter

Wurzeln ausgraben

Haushalt

Schimmel und Feuchtigkeit beseitigen
Speisekammer reinigen
Kellerräume lüften

Bauen und heimwerken

Wege, Straßen und Zäune anlegen bzw. bauen

Garten

Kranke Bäume oder Pflanzen zurückschneiden
Unkraut jäten
Sommerschnitt der Beerensträucher (Juni)
Von Mehltau befallene Triebe entfernen
Blütengewächse schneiden
Rückschnitt der Geranien
Wege, Zäune reparieren

Landwirtschaft und Tierhaltung

Rückschnitt der Weinreben sowie kranker Bäume, Büsche und
Stauden

Holzeinschlag

Möbelholz einschlagen
Besonders hartes Holz einschlagen (November)
Schwer entflammbares Holz einschlagen

Beruf und Karriere

Berufliche bzw. geschäftliche Angelegenheiten abschließen
Mit der Planung eines neuen Projekts beginnen
Neue Stelle antreten
Auktion besuchen

Freizeit und Erholung
Umzug in eine neue Wohnung

Was man bei Neumond besser vermeiden sollte

Gesundheit
Chirurgischee Eingriffe
Starke körperliche Belastungen

Haushalt
Zimmer- und Balkonpflanzen umtopfen

Garten
Direkt um die Zeit des Mondbruchs sollten alle Aktivitäten im Garten und auf dem Feld ruhen!

Bei zunehmendem Mond ◑

Sobald nach dem Neumond die schmale, nach links geöffnete Mondsichel zu erkennen ist, beginnt die Phase des zunehmenden Mondes. Von den Astronomen wird sie in zwei Abschnitte eingeteilt – in das erste und zweite Viertel. Während des ersten Viertels nähert sich der Mond der Erde, bis er ihr nach wenig mehr als sieben Tagen als Halbmond am nächsten ist. Dann kreuzt er die Umlaufbahn der Erde um die Sonne und entfernt sich wieder von uns, um, immer weiter an Leuchtkraft zunehmend, nach etwa 14 Tagen das zweite Viertel zu vollenden und schließlich das Vollmondstadium zu erreichen.

Die Grundstimmung
In dieser Phase steht alles im Zeichen der Aufnahme, des Wachsens. Positive Einflüsse überwiegen, die Energien werden aufgenommen und gespeichert.

Der Organismus kann in der Zeit des zunehmenden Mondes alles, was ihm an Kräftigendem, Aufbauendem, Heilendem zugeführt wird, besonders gut aufnehmen, speichern und verwerten. Seine Selbstheilungskraft ist ebenfalls sehr hoch. Eine gute Zeit also, um sich zu erholen und zu kräftigen.

In der Natur dominiert das oberirdische Wachstum, die Erde atmet aus, die Säfte steigen nach oben. Jetzt ist die günstigste Zeit für die Aussaat und das Pflanzen von allem, was nach oben wachsen und Früchte tragen soll.

Was man während dieser Zeit tun kann

Gesundheit
Rehabilitationsmaßnahmen
Kuren
Heilende Bäder
Heilende, kräftigende Massagen (immer dann, wenn sich der Mond in dem Tierkreiszeichen befindet, das die betreffende Körperregion bestimmt)
Stärkung des Bewegungsapparats durch Einreibungen, Massagen und heilende Gymnastik
Regenerierende Fußreflexzonenmassage

Heilkräuter
Blüten der Heilkräuter sammeln, ernten
Blätter der Heilkräuter sammeln, ernten (außer Brennnessel)
Früchte und Samen von Heilkräutern zum sofortigen Verbrauch sammeln, ernten

Schönheits- und Körperpflege
Aufbauende, ernährende Hautpflege
Gesichtsmasken für straffere Haut
Anregende, vitalisierende Bäder
Haarschnitt, wenn die Haare rasch nachwachsen sollen
Haare färben, tönen
Eingewachsene Nägel korrigieren

Haushalt
Wäsche bleichen
Brot und Kuchen backen
Zimmer- und Balkonpflanzen umtopfen
Ordnung schaffen

Bauen und heimwerken
Erdaushub mit sofortiger Drainage
Wasserableitung (Drainage) verlegen
Installation einer Wasser- oder Heizanlage
Wasser suchen (Rutengänger), Brunnen bohren, Teich anlegen

Garten
Säen und Pflanzen von Blattgemüse, Obst und Blumen
Zwiebeln der Sommerblüher setzen
Stauden pflanzen
Rasen säen
Rasen mähen, wenn er schnell nachwachsen soll
Boden lockern
Erstes Umgraben im Frühjahr
Feststampfen des Komposthaufens
Umpflanzen, umtopfen, veredeln
Schnittblumen ernten
Trockenblumen ernten
Gartenteich anlegen

Landwirtschaft und Tierhaltung
Getreide anbauen
Kartoffeln häufeln
Weinstöcke pflanzen
Rebenschnitt bei jungen Weinstöcken
Einkeltern der Trauben
Tiere decken
Entwöhnen von Kälbern
Schafe scheren
Weideabtrieb im Herbst
Schlachten (kurz vor Vollmond)

Beruf und Karriere
Schwierige Verhandlungen führen
Neue Projekte planen und vorbereiten
Neue Arbeitsstelle antreten

Verträge abschließen
Geschäftliche Besprechungen
Budgetplanung

Liebe und Partnerschaft
Das sexuelle Verlangen wächst und wird zum Vollmond hin drängender

Freizeit und Erholung
Ausruhen
Auto kaufen

Was man bei zunehmendem Mond besser lassen sollte
Gesundheit
Chirurgische Eingriffe (vor allem in Nähe des Vollmonds)
Zu reichliches Essen, wenn man auf sein Gewicht achten muss
Strapazierendes Bewegungstraining
Warzenbehandlung
Zahnärztliche Behandlung

Heilkräuter
Brennesseln zur Blutreinigung sammeln, ernten
Früchte und Samen ernten, die länger aufbewahrt werden sollen
Heilkräuter trocknen und abfüllen
Kräutersalben herstellen und abfüllen
Kräuterkissen herstellen

Schönheits- und Körperpflege
Peeling
Tiefenreinigung der Haut

Haushalt
Feuchte Reinigung von Holzböden und Dielen
Reinigen der Fensterrahmen
Feuchtigkeit und Schimmel entfernen
Langes Lüften von Wohnräumen und Betten

Bauen und heimwerken

Beton und Estrich gießen

Anstreichen und tünchen

Dacharbeiten aller Art

Garten

Säen bzw. Pflanzen von Wurzelgemüse

Pflanzen von Kopfsalat

Düngen von Kulturpflanzen

Pflanzen und Gehölze schneiden

Schädlingsbekämpfung

Landwirtschaft und Tierhaltung

Dünger ausbringen

Heustock ansetzen

Kartoffeln legen

Enthornen oder Kastrieren von Tieren

Beruf und Karriere

Arbeiten erledigen, die viel Körperkraft erfordern

Bei Vollmond ○

Wenn der Mond die Hälfte seines Erdumlaufes zurückgelegt hat, steht er der Sonne direkt gegenüber, in Opposition zu ihr. Seine sichtbare Oberfläche ist voll beleuchtet, er steht für ein bis zwei Tage als kreisrunde leuchtende Scheibe am nächtlichen Himmel.

Die Grundstimmung

Zu keiner anderen Zeit sind die Impulse des Mondes so deutlich zu spüren wie in der Vollmondphase. Jetzt kündigt sich ein Richtungswechsel an, vom zunehmenden zum abnehmenden Mond, von der Aufnahme zur Abgabe.

Der Organismus reagiert auf die Energien des Vollmondes häufig mit Unruhe und Nervosität. Sensible Menschen haben Schlafstörungen, andere berichten von besonders eindrucksvollen Träumen und Visionen während dieser Zeit. Eine gute Gelegenheit also, um seelische Konflikte zu erkennen und den Weg zum eigenen Ich, zum Un- und Unterbewussten zu finden!

In der Natur bewirken die kräftigen Impulse während des Vollmonds eine ganz besondere Stimmung. Einerseits erreicht die Natur jetzt den Höhepunkt ihrer Aufnahmefähigkeit, weshalb der Zeitpunkt für eine optimale Pflanzenernährung durch Düngung ideal ist.

Was man während dieser Zeit tun kann

Gesundheit
Abstillen
Anregende, vitalisierende Bäder

Heilkräuter
Blütenkräuter und Wurzeln sammeln, ernten
Kräutersalben herstellen, die man aber erst bei abnehmendem Mond abfüllen sollte.

Schönheits- und Körperpflege
Aufbauende, nährende Hautpflege
Aphrodisische Bäder

Haushalt
Wäsche bleichen
Zimmer- und Balkonpflanzen düngen

Garten
Pflanzen düngen
Obst ernten
Blumen säen (nicht direkt bei Mondwechsel)

Landwirtschaft und Tierhaltung
Getreide düngen
Jauche und Gülle ausbringen
Entwöhnen von Kälbern
Schafe scheren
Schlachten

Liebe und Partnerschaft
Leidenschaftliche Liebe
Starkes sexuelles Verlangen

Freizeit und Erholung
Tanzen gehen
Sportliche Wettkämpfe

Was man bei Vollmond besser vermeiden sollte
Gesundheit
Chirurgische Eingriffe (außer Notoperationen)
Impfungen
Entspannende, beruhigende Bäder

Heilkräuter
Heilkräuter trocknen und abfüllen

Körperpflege und Schönheit
Sauna
Körperhaare entfernen

Haushalt
Großer Hausputz
Wäsche waschen

Bauen und heimwerken
Beton und Estrich gießen
Fußbodenbeläge verlegen
Wege, Straßen und Zäune anlegen bzw. errichten

Garten
Alle Schnittarbeiten an Pflanzen und Gehölzen

Landwirtschaft und Tierhaltung
Alle Sä- und Pflanzarbeiten
Enthornen und kastrieren

Beruf und Karriere

Riskante Transaktionen
Behördengänge
Geldangelegenheiten regeln
Größere Anschaffungen

Liebe und Partnerschaft

Jetzt besteht ganz besonders die Gefahr von Eifersucht und daraus
resultierenden Aggressionen

Freizeit und Erholung

Längere Reise antreten
Familienbesuche

Bei abnehmendem Mond ◗

Der Mond setzt seinen Erdumlauf fort und vollendet ihn. Er nähert
sich jetzt wieder der Erde, wobei die Größe der von der Sonne beleuchteten Oberfläche von rechts nach links fortschreitend geringer
wird. Wenn er etwa 22 Tage nach Neumond die Sonnenumlaufbahn
der Erde erneut kreuzt, ist er nur mehr halb zu sehen. Nun beginnt
das letzte Viertel, die nach rechts geöffnete Sichel wird von Tag zu
Tag schmaler, bis die Neumondphase erreicht ist.

Die Grundstimmung

Die Impulse des abnehmenden Mondes sind auf Abgabe gerichtet –
auf das Freisetzen von Kräften und Energien.

Der Organismus ist während dieser Zeit in seiner durchaus besten
Form. Körperliche wie auch geistige Höchstleistungen gelingen viel
müheloser als während der anderen Mondphasen. Ausspülen und
Ausschwitzen ist die Devise bei abnehmendem Mond, deshalb wird
auch alles, was mit Entgiftung und Entschlackung zu tun hat, gute
Erfolge zeitigen. Auch Operationen gelingen zu dieser Zeit besser,
Wunden heilen schneller.

In der Natur fließen die Säfte abwärts, die Energien gehen zu den
Wurzeln. Die Erde atmet ein, sie ist aufnahmebereit, das Wachstum
unter der Oberfläche ist begünstigt.

Was man während dieser Zeit tun kann

Gesundheit

Chirurgische Eingriffe, allerdings nicht in dem Zeichen, das den betroffenen Körperbereich am Tag des Eingriffs regiert

Fastenkur

Entspannende, ausleitende Massagen

Brennnesselkur zur Blutreinigung und Entschlackung

Warzen und Hühneraugen entfernen

Zahnärztliche Behandlung

Heilkräuter

Wurzeln sammeln, ernten

Brennnesseln sammeln

Früchte und Samen, die man aufbewahren möchte, sammeln bzw. ernten

Heilkräuter trocknen und abfüllen

Kräutersalben abfüllen

Schönheits- und Körperpflege

Tiefenreinigung der Haut

Peeling

Gesichtsmasken mit adstringierender Wirkung

Entspannende, beruhigende Bäder

Sauna

Haarschnitt, wenn die Haare langsamer, aber dichter nachwachsen sollen

Körperhaare entfernen

Nagelpflege

Haushalt

Großer Hausputz

Feuchtreinigung von Holz- und Parkettböden

Wäsche waschen

Chemische Reinigung

Fleckentfernung

Fenster putzen

Fensterrrahmen reinigen
Porzellan und Metalle reinigen
Schimmel und Feuchtigkeit beseitigen
Staub wischen
Schuhe putzen
Lüften von Räumen, Betten und Matratzen
Vorräte einlagern
Wurzelgemüse einkochen
Garderobe einlagern
Anheizen im Herbst
Zimmer- und Balkonpflanzen düngen

Bauen und heimwerken

Erdaushub für Fundament
Beton und Estrich gießen
Putzmörtel aufbringen
Anstreichen und Lackieren
Dachstühle fertigen und aufrichten
Dacharbeiten aller Art
Holzdielen und -decken verlegen
Fußbodenbeläge verlegen
Fenster verglasen und einsetzen
Kleinreparaturen in Haus und Wohnung
Wege-, Straßen- und Zaunbau

Garten

Aufbringen der Mulchschicht
Säen und Pflanzen von Wurzelgemüse
Pflanzen von Kopfsalat
Pflanzen düngen
Komposthaufen ansetzen
Pflanzen und Gehölze schneiden
Schädlingsbekämpfung
Ernten, was gelagert oder konserviert werden soll
Zwiebeln der Frühjahrsblüher stecken
Ausgraben aller Blumenzwiebeln

Landwirtschaft und Tierhaltung

Getreide düngen
Getreide ernten
Heustock ansetzen
Kartoffeln legen
Kartoffeln ernten und einlagern
Schnitt von ausgewachsenen Rebstöcken
Düngen der Rebstöcke
Schädlingsbekämpfung
Wein abziehen und abfüllen
Huf-, Klauen- bzw. Krallenpflege
Enthornen und kastrieren
Lagerstreu einbringen
Stallreinigung

Beruf und Karriere

Bewerbungen und Vorstellungsgespräche
Schreiben
Arbeiten erledigen, die viel Körperkraft erfordern
Werbung
Behördengänge
Rechtsangelegenheiten regeln
Geschäftsbeziehungen ausbauen
Größere Einkäufe
Verkäufe

Liebe und Partnerschaft

Die Liebe ist zärtlich, sanft und baut auf Harmonie.

Freizeit und Erholung

Reise antreten
Partys feiern
Tanzen gehen
Sport treiben
Kochen
Autoreparatur

Was man bei abnehmendem Mond besser lassen sollte

Heilkräuter

Blütenkräuter sammeln, ernten

Blattkräuter sammeln, ernten (außer Brennnesseln)

Schönheits- und Körperpflege

Haare färben bzw. tönen

Eingewachsene Nägel korrigieren

Haushalt

Wäsche bleichen

Kuchen backen

Zimmer- und Balkonpflanzen umtopfen

Bauen und heimwerken

Drainagearbeiten

Installation einer Wasser- oder Heizanlage

Wassersuche und Wasserbau

Garten

Über der Erdoberfläche gedeihende Pflanzen säen

Obstbäume veredeln

Zwiebeln der Sommerblüher stecken

Landwirtschaft und Tierhaltung

Getreide anbauen

Kartoffeln häufeln

Einkeltern der Trauben

Schafe scheren

Abtrieb von der Weide

Beruf und Karriere

Budgetplanung

Geldangelegenheiten regeln

Mondtipps für jeden Tag – der Mondstand

Bei einer Erdumrundung, in deren Verlauf er in seinen vier Phasen erscheint, durchwandert der Mond zugleich auch einmal den gesamten Tierkreis. Dabei hält er sich für etwa zwei bis drei Tage in jedem der zwölf Tierkreiszeichen auf.

Wie schon eingangs bemerkt worden ist, verleihen die einzelnen Tierkreiszeichen den Mondkräften jeweils eine spezifische Prägung, welche die Wirkung der einzelnen Mondphasen in eine ganz bestimmte Richtung hinsichtlich der Körperregionen, der Pflanzenarten, der Temperatur und der Feuchtigkeit orientiert, ihr eine ganz eigene Qualität verleiht.

Die Impulse der Tierkreiszeichen

Wer also die Mondkräfte in vollem Umfang erkennen und nutzen will, tut gut daran, auch die Impulse der Tierkreiszeichen zu berücksichtigen. Auf den folgenden Seiten sind die Einflüsse eines jeden der zwölf Tierkreiszeichen für die einzelnen Lebensbereiche in übersichtlicher Form dargestellt.

Damit Sie die Mondwirkung optimal nutzen können, sind die entsprechenden Mondphasen ebenfalls vermerkt – allerdings nur dort, wo sie von entscheidender Bedeutung sind. In manchen Bereichen dominieren nämlich die Tierkreiszeichen das Geschehen, und die Mondphasen sind dann von eher untergeordneter Bedeutung.

Die genauen Zeiten für die Wanderung des Mondes durch den Tierkreis können Sie einem aktuellen Mondkalender entnehmen.

Bitte bedenken Sie dabei, dass sich die Einflüsse der Tierkreiszeichen nicht schlagartig ändern, wenn der Mond vom einen in das nächste hinüberwechselt. Die Wirkung des einen Tierkreiszeichens schwächt sich ab, während die des nächsten sich aufbaut.

Der Mond im Widder

Der Mond im Widder

Kraft: Aufsteigend	**Tagesqualität:** Wärme
Element: Feuer	**Körper:** Kopf, Gesicht
Pflanzenteil: Frucht	**Organsystem:** Sinnesorgane
Nahrung: Eiweiß	**Geschlecht:** Männlich

Mondpositionen
Neumond im Widder: April
Zunehmender Mond im Widder: Oktober bis April
Vollmond im Widder: Oktober
Abnehmender Mond im Widder: April bis Oktober

Die Grundstimmung des Tages

Ein starker Durchsetzungswille, Enthusiasmus, Spontaneität und Begeisterungsfähigkeit prägen den Widdertag. Man hat Lust, voller Tatendrang Neues zu erproben und seinen Mut unter Beweis zu stellen. Dabei besteht die Gefahr, dass man alles auf einmal erledigen will und dabei zu wenig Rücksicht auf andere nimmt.

Die Witterungstendenz

Von der Jahreszeit abhängig sind Widdertage relativ warm und trocken. Im Sommer besteht an diesen Tagen eine verstärkte Gewitterneigung. Stehen Neumond oder Vollmond im Widder, kann man mit einem baldigen Wetterwechsel rechnen.

Gesundheit

Kopf (Gehirn) und Gesicht (Augen, Nase) verlangen an Widdertagen unsere besondere Aufmerksamkeit. Alles, was für diesen Körperbereich angenehm ist, tut ihm jetzt besonders gut; alles was ihm schadet, ist jetzt besonders schädlich. Das Kopfschmerz- und Migränerisiko ist an Widdertagen erhöht – deshalb sollten Empfindliche auf Kaffee und Schokolade besser verzichten.

Was man tun kann

Fasttag zur Entschlackung und Reinigung einlegen ●
Heilkräuter (Früchte) sammeln, trocknen und abfüllen ◖

Was man lassen sollte

Verstärkter Konsum von Genussmitteln
Chirurgischer Eingriff an Kopf, Augen oder Nase

Gesunde Ernährung

An Widdertagen – wie auch an allen anderen Fruchttagen – beeinflussen die Mondkräfte die Eiweißqualität. Unser Organismus kann jetzt alle mit der Nahrung zugeführten Eiweißstoffe optimal aufnehmen und verwerten. Eiweißstoffe fördern den Zellaufbau und steigern die körperliche sowie geistige Leistungsfähigkeit. Wer jedoch Verdauungs- oder Stoffwechselprobleme hat, sollte an diesen Tagen eher zurückhaltend sein, um ein Überangebot von Eiweiß in der Ernährung zu vermeiden.

Was man essen sollte

Neben eiweißreicher Kost sollten an Widdertagen rote Früchte und Gemüse sowie kräftig gewürze Speisen auf dem Speisezettel stehen.
Obst: Erdbeeren, Feigen, Hagebutten, Johannisbeeren, Kirschen, Preiselbeeren, Sauerkirschen, Stachelbeeren, Zitronen, Zwetschgen.
Gemüse: Erbsen, Feuerbohnen, Linsen, Paprika, Tomaten.
Fleisch: Hammel, Hase, Huhn, Kalb, Lamm, Schaf, Ziege.
Milchprodukte: Frischkäse, Joghurt, Sauermilch, Schafskäse, Vollmilch.
Gewürze: Chili, scharfe Paprika, Pfeffer, Tabasco.
Sonstiges: Eier.

Schönheits- und Körperpflege

An Widdertagen wirken alle Pflegemaßnahmen besonders gut, die den Bereich des Kopfes, vor allem von der Nase nach oben, betreffen. Dazu gehört die Haarpflege, die Pflege der Kopfhaut, der Augen und der Gesichtshaut.

Was man tun kann

Aphrodisische Bäder (○, ◑)
Saunabad ◑
Pflege von Finger- und Fußnägeln ◑
Gesichtsmaske zur Hauternährung und -straffung ◑
Kräftigende Massagen ◑
Eingewachsene Nägel korrigieren ◑
Salben herstellen ○
Tiefenreinigung der Haut ◑
Entspannende Gesichts- und Kopfhautmassagen ◑
Hühneraugen entfernen ◑
Kräuterkissen herstellen ◑
Körperhaare entfernen ◑

Was man lassen sollte

Ausgiebige Sonnenbäder ◑

Haushalt

Widdertage sind Wärmetage. Bei abnehmendem Mond sind sie günstig für Reinigungsarbeiten, zum Lüften und für die Einlagerung von Lebensmitteln aller Art.

Was man tun kann

Beziehen einer neuen Wohnung ●
Wohnung und Betten ausgiebig lüften ◑
Fenster putzen ◑
Einfrieren von Erntegut und anderen Lebensmitteln
Früchte einkochen
Backen
Butter zubereiten

Wischen von Holz- und Parkettböden ◐
Kellerregale reinigen ◑
Speisekammer reinigen ◑
Porzellan reinigen ◑
Vorräte einlagern ◑
Entkalken ◑
Schimmel und Feuchtigkeit beseitigen ◑
Anheizen (im Herbst) ◑

Was man lassen sollte
Fett unbeaufsichtigt erhitzen
Fensterrahmen reinigen ◑
Streich- und Lackierarbeiten
Zimmer- und Balkonpflanzen pflanzen, umtopfen ◑
Zimmer- und Balkonpflanzen düngen

Bauen und heimwerken

Widder ist ein »trockenes und warmes« Tierkreiszeichen. Besonders
bei abnehmendem Mond kann man deshalb die Widdertage für verschiedene Tätigkeiten nutzen.

Was man tun kann
Hausfassade tünchen ◑

Was man lassen sollte
Stroh- oder Schindeldach eindecken ◑
Installation einer Wasser- oder Heizanlage

Garten

Das Fruchtzeichen Widder ist ein trocken-warmes, nicht beson-
ders fruchtbares Tierkreiszeichen; deshalb sind die Widdertage zum
Säen und Pflanzen eher weniger geeignet. Dagegen werden Reife und
Samenbildung gefördert, so dass Widdertage gute Erntetage sind.

Was günstig ist
Veredeln von Obstbäumen ◑

Obstbaumschnitt ◑
Beerensträucher setzen ◐
Hecken schneiden ◑
Obst und Gemüse ernten
Einmachen, Einkochen von Obst
Trockenobst einlagern ◑
Pikieren von Frucht-Jungpflanzen ◐

Was weniger günstig ist
Umsetzen bzw. Umtopfen von Pflanzen
Komposthaufen ansetzen
Boden umgraben, lockern ◑

Landwirtschaft und Tierhaltung
Was günstig ist
Getreide aussäen ◐
Getreide düngen (○, ◑)
Getreide ernten ◑
Kartoffeln ernten, einlagern ◑
Gemüse und Obst ernten
Weinstöcke setzen ◐
Trauben ernten
Huf-, Klauen- und Krallenpflege ◑
Stall neu beziehen
Lagerstreu einbringen
Milch verarbeiten

Was weniger günstig ist
Kartoffeln anbauen
Enthornen von Tieren

Beruf und Karriere
Widdertage sind günstig für den Start von neuen Unternehmungen und Projekten. Durchsetzungskraft und Leistungsbereitschaft werden gefördert. Es besteht aber auch die Gefahr, übers Ziel hinauszuschießen.

Was günstig ist

Neue Kontakte aufbauen
Verhandlungen führen
Verträge abschließen ◑
Geschäftliche Besprechungen ◑
Verkäufe ◑
Versteigerung besuchen ◑
Neue Stelle antreten
Lohn- bzw. Gehaltserhöhung beantragen ◑
Vorstellungsgespräch führen ◑

Was weniger günstig ist

Kreative Tätigkeiten

Liebe und Partnerschaft

An Widdertagen geht es oft »direkt zur Sache«. Dabei denkt allerdings jeder eher an sich und seine Interessen, so dass die Gemeinsamkeit manchmal durch den Egoismus des Einzelnen belastet wird.

Was gut tut

Neue Bekanntschaften schließen
Heißes Flirten
Stürmische Nächte
One Night Stand
Klärende Aussprachen

Was nicht schön ist

Leichte Reizbarkeit
Egoismus
Mangelndes Einfühlungsvermögen

Freizeit und Erholung

Was günstig ist

Ausflug
Reise antreten
Sport treiben ◑

Der Mond im Stier

Der Mond im Stier	
Kraft: Aufsteigend	**Tagesqualität:** Kälte
Element: Erde	**Körper:** Kiefer, Hals, Nacken
Pflanzenteil: Wurzel	**Organsystem:** Blutkreislauf
Nahrung: Salz	**Geschlecht:** Weiblich

Mondpositionen

Neumond im Stier: Mai
Zunehmender Mond im Stier: November bis Mai
Vollmond im Stier: November
Abnehmender Mond im Stier: Mai bis November

Die Grundstimmung des Tages

Beharrlichkeit heißt das Motto des Stiertages. Einmal Erreichtes soll bewahrt werden, Veränderungen steht man eher kritisch gegenüber. Heute getroffene Entscheidungen beruhen meist auf einer soliden Grundlage und sind schwer wieder zurückzunehmen. Also gut überlegen!

Die Witterungstendenz

Stiertage sind relativ kühl. Das bemerkt man oft auch in der warmen Jahreszeit. Verdunkeln Wolken die Sonne, kühlt der Erdboden rasch ab und fühlt sich auch verhältnismäßig kalt an.

Gesundheit

An Stiertagen verlangen Zähne, Kiefer, Ohren sowie der Hals-Nacken-Bereich mit Kehlkopf und Schilddrüse unsere besondere Aufmerksamkeit. Alles, was man heute für diese Körperregion unternimmt, um zu heilen oder zu pflegen, wirkt besonders wohltuend; alles, was diesen Organen schadet, kann besonders ungünstig sein. Es besteht ein erhöhtes Risiko für Hals- und Ohrenentzündungen, Erkältungen und Heiserkeit. Also durch entsprechende Bekleidung schützen! Lärm wird übrigens an Stiertagen als besonders unangenehm empfunden.

Was man tun kann
Entspannende und kräftigende Massagen der Nackenmuskulatur
Maßnahmen zur Stärkung des Immunsystems ◑
Brennnesseltee zur Blutreinigung trinken ◑

Was man lassen sollte
Chirurgische Eingriffe in den genannten Organbereichen
Zahnärztliche Behandlung

Gesunde Ernährung
An Stiertagen – wie auch an allen anderen Wurzeltagen – stärken die Mondimpulse die Salzqualität. Kochsalz, das in den Speisen enthalten ist, wird jetzt vom Organismus besonders gut aufgenommen und verwertet. Kochsalz ist wichtig für den Stoffwechsel, vor allem auch für die Bluternährung. Wer jedoch salzarm essen muss (beispielsweise bei Bluthochdruck), sollte an Stiertagen äußerst vorsichtig sein, da schon geringe Salzmengen eine unerwünschte Wirkung hervorrufen können. Übrigens: Salz steigert den Appetit, deshalb isst man an Stiertagen gern etwas reichlicher. Vorsicht bei Übergewicht!

Was man essen sollte
Neben salzhaltiger Kost sollten an Stiertagen grüne Gemüse, Wurzelgemüse sowie aromatisch gewürzte Speisen auf den Tisch kommen.
Gemüse: Kartoffeln, Kohlrabi, Lauch, Möhren, Rote Bete, Schalotten, Schnittlauch, Schwarzwurzel, Spargel, Zwiebeln.
Gewürze: Basilikum, Koriander, Muskat, Nelken, Oregano, edelsüßer Paprika, Rosmarin, Zimt.

Schönheit und Körperpflege

An Stiertagen sind alle Pflegemaßnahmen im unteren Bereich des Kopfes sowie in der Hals-Nacken-Region besonders wirksam. Das betrifft beispielsweise die Zahn- und Mundpflege, die Antifaltenbehandlung an Kinn und Hals sowie die Massagen der genannten Regionen.

Was man tun kann
Eingewachsene Nägel korrigieren ◑
Körperhaare entfernen ◑
Heilende Bäder
Salben herstellen und anwenden
Tiefenreinigung der Haut ◑

Was man lassen sollte
Anregende Bäder ◑

Haushalt

Stiertage sind Kältetage. Sie sind – besonders bei zunehmendem Mond – für viele Hausarbeiten eher weniger geeignet. Günstig sind sie allerdings für das Einlagern bzw. Konservieren von Wurzelgemüse und Kartoffeln.

Was man tun kann
Einkochen von Wurzelgemüse
Zwischendüngen von Zimmer- und Balkonpflanzen mit schwacher Wurzelbildung ◑
Fußböden trocken reinigen
Federbetten nachfüllen ○
Schuhe putzen ◑
Staub wischen ◑

Was man lassen sollte
Marmelade und Gelees kochen ◑
Butter zubereiten
Anheizen im Herbst ◑

Bauen und heimwerken

Immer dann, wenn sich verschiedene mineralische Baustoffe fest miteinander verbinden sollen, sind Stiertage gefragt.

Was man tun kann
Beton und Estrich gießen ◑
Putzmörtel aufbringen bzw. ausbessern
Malerarbeiten ◑

Was man lassen sollte
Wassersuche und Wasserbau

Garten

Das Wurzelzeichen Stier ist ein feucht-kühles, recht fruchtbares Zeichen, bei dem vor allem Wurzelgemüse gesät oder gepflanzt werden kann.

Was günstig ist
Pflanzen, was langsam wachsen, aber dauerhaft bleiben soll
Bäume pflanzen ◐
Ernten, was eingelagert werden soll
Ungeziefer, das sich unter der Erdoberfläche befindet, bekämpfen ◑
Konservieren von Wurzelgemüse
Zwischendüngung bei Pflanzen mit schwacher Wurzelbildung ◑
Kalidüngung ◑
Laub rechen ◑
Komposthaufen ansetzen ◑

Was weniger günstig ist
Umsetzen und Umtopfen von Pflanzen
Schnitt von Obst- und Ziergehölzen

Landwirtschaft und Tierhaltung
Was günstig ist
Kartoffeln legen ◑
Kartoffeln häufeln ◐

Kartoffeln ernten, einlagern
Unterirdische Schädlingsbekämpfung ◐
Huf-, Klauen- und Krallenpflege ◐
Stall neu beziehen
Lagerstreu einbringen
Misthaufen ansetzen ◐

Beruf und Karriere

Stiertage sind günstig für die Regelung von finanziellen Angelegenheiten und aller Dinge, die den persönlichen Besitz betreffen.

Was günstig ist

Neue Stelle antreten ●
Lohn- bzw. Gehaltserhöhung beantragen ◐
Budgetplanung ◐
Geldangelegenheiten regeln ◐
Sparen
Größere Anschaffungen
Verkäufe ◐
Immobilien kaufen ◐
Steuerangelegenheiten regeln ◐

Liebe und Partnerschaft

An Stiertagen dominiert die Gemeinsamkeit. Die Sehnsucht nach Körperkontakt ist groß, allerdings kommt es meistens nicht zu besonderen erotischen Höhepunkten. Weil man das Erreichte bewahren und bereichern möchte, ist manchmal auch das Aufkommen von Eifersuchtsgefühlen nicht ganz ausgeschlossen.

Was gut tut

Gemeinsame Zukunftspläne schmieden
Optimaler Hochzeitstermin
Kultivierte Sinnlichkeit
Verlangen nach einer festen Bindung

Was weniger schön ist

Mangelnde Spontaneität
Übersteigerter Besitzanspruch
Eifersucht

Freizeit und Erholung

Leistung und Genuss gehen an Stiertagen eine gute Verbindung ein.
Verwöhnen Sie sich und andere – mit einem einem ausgiebigen Einkaufsbummel oder einem guten Essen.

Was günstig ist

Ausflug ins Grüne
Musizieren
Restaurantbesuch
Einkaufsbummel
Einweihungsfeier
Auto kaufen ☽
Autoreparatur ☾
Kunstgewerbliche Tätigkeiten
Essen zu zweit
Ausruhen ☽

Was weniger günstig ist

Meditieren ☾

Der Mond in den Zwillingen

Der Mond in den Zwillingen	
Kraft: Schon absteigend; Wendepunkt zwischen aufsteigender und absteigender Kraft	**Nahrung:** Fett
	Tagesqualität: Licht
	Körper: Schultern, Arme, Hände
Element: Luft	**Organsystem:** Drüsen
Pflanzenteil: Blüte	**Geschlecht:** männlich

Mondpositionen
Neumond in den Zwillingen: Juni
Zunehmender Mond in den Zwillingen: Dezember bis Juni
Vollmond in den Zwillingen: Dezember
Abnehmender Mond in den Zwillingen: Juni bis Dezember

Die Grundstimmung des Tages

An Zwillingetagen fallen Entscheidungen ziemlich schwer. Man will alles wissen, steckt voller neuer Ideen, die man aber schnell wieder fallen lässt. Auch Bekanntschaften, die man jetzt schließt, sind oft nicht von langer Dauer. Es besteht die Gefahr, dass man alles auf einmal will und sich dabei verzettelt.

Die Witterungstendenz

Zwillingetage sind Lichttage. Selbst wenn Wolken die Sonne verdecken, machen diese Tage meist einen heiteren, lichterfüllten Eindruck. Autofahrer und Wassersportler müssen mit verstärkter Blendwirkung rechnen. Sonnenbrille nicht vergessen! Nicht selten gibt es an Zwillingetagen einen Wetterumschwung.

Gesundheit

Schultern, Arme, Hände und Bronchien verlangen an Zwillingetagen unsere besondere Fürsorge. Alles, was man heute für diese Körperregion unternimmt, um zu heilen oder zu pflegen, wirkt besonders
wohltuend; alles, was diesen Organen schadet, kann besonders ungünstig sein. Wer's im »Kreuz« hat, sollte an Zwillingetagen besonders
aufmerksam sein, denn da muss man immer mit einem Rheumaschub
rechnen. Also die betroffenen Körperregionen gut warm halten!

Was man tun kann

Gymnastik bzw. Massagen zur Lockerung der Schulterregion ◖

Fasttag zur Reinigung und Entschlackung einlegen ●

Kur- oder Erholungsaufenthalt beginnen ◖

Warzen und Hühneraugen entfernen ◖

Zahnärztliche Behandlung ◖

Was man lassen sollte

Chirurgische Eingriffe an den oben genannten Körperorganen

Körperliche Anstrengungen ●

Gesunde Ernährung

An Zwillingetagen – wie auch an allen anderen Blütentagen – wirkt
der Mond auf die Qualität von Fetten und Ölen in der Nahrung. Diese lebenswichtigen Nährstoffe werden jetzt besonders gut aufgenommen und vom Organismus optimal verwertet. Es kann also durchaus sein, dass man an diesen Tagen Appetit auf Fettiges hat und dass
solche Speisen auch gut bekommen. Wer aber fettarm essen muss,
um beispielsweise seinen Cholesterinspiegel oder das Körpergewicht
normal zu halten, sollte gerade jetzt auf fettreiche Kost verzichten.

Was man essen sollte

Besonders schmackhaft sind an Zwillingetagen Gerichte, die mit
Öl oder Fett zubereitet werden, also Frittiertes, Gebratenes oder
Gegrilltes.
Gemüse: Artischocken, Blumenkohl, Brokkoli, Getreide (Gerste,
Hafer, Weizen).

Fleisch: Gans, Schwein, Wild.
Gewürze: Safran, Senf, Sesam.
Sonstiges: Distelöl, Kakao, Nudeln, Pinienkerne, Walnüsse, Weizen-keimöl.

Schönheits- und Körperpflege

Das Pflegeprogramm an Zwillingetagen umfasst vor allem den Schul-terbereich, die Arme und die Hände. Maniküre, Bäder, Massagen und Gymnastik sind angesagt! Das Beste allerdings, was man an Zwillingetagen für Schönheit und Wohlbefinden tun kann, sind ausgedehnte Spaziergänge an der frischen Luft.

Was man tun kann
Anregende Bäder ◑
Entspannende Massagen ◑
Tiefenreinigung der Haut ◑
Haare waschen
Haare färben, tönen ◑

Was man lassen sollte
Körperhaare entfernen ◑
Eingewachsene Nägel ziehen ◑

Haushalt

Zwillingetage sind Lufttage. Sie sind bei abnehmendem Mond für die meisten Reinigungsarbeiten in Haus und Wohnung bestens geeignet. Nicht vergessen, die Wohnung ausgiebig zu lüften!

Was man tun kann
Großer Hausputz ◑
Feuchtreinigung von Holz- und Parkettböden ◑
Wäsche bleichen ◑
Federbetten reinigen ◑ und auffüllen ○
Kelleregale reinigen ◑
Speisekammer reinigen ◑
Wohnung ausgiebig lüften ◑

Schimmel und Feuchtigkeit beseitigen ◐
Fenster putzen ◐
Kuchen backen ◑
Metalle reinigen ◐
Imprägnieren von Textilien ◐
Chemische Reinigung ◐
Garderobe einlagern ◐
Schuhe putzen ◐

Was man lassen sollte
Obst einkochen ◑
Zimmer- und Balkonpflanzen gießen
Staub wischen ◑

Bauen und heimwerken

Das Luftzeichen Zwillinge ist ziemlich neutral, jedenfalls, was seinen Einfluss auf die Tätigkeiten in diesem Bereich betrifft.

Was man tun kann
Baugrube ausheben ◑
Putzmörtel aufbringen bzw. ausbessern ◐
Hausfassade (Putz) tünchen ◑
Ziegeldach eindecken ◐
Stroh- oder Schindeldach eindecken ◐
Verglasung und Einbau von Fenstern mit Holzrahmen
Malerarbeiten aller Art ◐

Was man lassen sollte
Installation einer Wasser- oder Heizanlage ◑
Wassersuche und Wasserbau

Garten

Das Blütenzeichen Zwillinge ist ein hell-luftiges, nicht sehr fruchtbares Zeichen, bei dem man lediglich rankende Gewächse sowie Blumen pflanzen oder säen sollte.

Kletterpflanzen säen, pflanzen ◐
Rosen (zurück)schneiden ◑
Schädlingsbekämpfung von oberirdischem Ungeziefer ◑
Blütenpflanzen säen, setzen ◐
Zwiebeln der Sommerblüher setzen ◐
Düngen von Blütenpflanzen ◑
Phosphordüngung ◑

Was weniger günstig ist
Pflanzen gießen bzw. wässern
Schnitt von Obstbäumen
Boden umgraben, lockern ◑
Obst und Gemüse ernten, einlagern

Landwirtschaft und Tierhaltung
Was günstig ist
Heustock ansetzen ◑
Kartoffeln häufeln ◐
Oberirdische Schädlinge bekämpfen ◑
Stallreinigung ◑

Was weniger günstig ist
Gießen und Wässern
Stall neu beziehen
Lagerstreu einbringen

Beruf und Karriere
Zwillingetage sind günstig für den Aufbau neuer geschäftlicher Kontakte und die Pflege schon bestehender Geschäftsbeziehungen. Man sollte aber auch darauf achten, dass den Gesprächen dann bald die Taten folgen.

Was günstig ist
Lernen
Schreiben ◑

Werbung
Rechtsangelegenheiten regeln
Geschäftliche Besprechungen ◑
Konferenzen
Neue Kontakte aufbauen
Verkäufe ◑
Geschäftsreise antreten

Liebe und Partnerschaft

An Zwillingetagen ist Klarheit und Wahrheit in der Beziehung besonders wichtig. Sie sind also eine gute Zeit für intensive Gespräche, die zwei Menschen einander (wieder) näher bringen.

Was gut tut
Freundschaften festigen
Neue Bekanntschaften schließen

Was nicht so schön ist
Der Hang, zu viel unter einen Hut bringen zu wollen

Freizeit und Erholung

»Kommunikation und Geselligkeit« ist das Thema der Zwillingetage. Gute Gespräche im Familienkreis, ein wenig Klatsch und Tratsch mit Freunden in der Kneipe, aber auch ein gutes Buch im bequemen Sessel – das gehört zu den Freuden dieser Tage.

Was günstig ist
Kurzreise antreten
Party feiern
Theaterbesuch
Restaurantbesuch
Sport treiben ◑
Freunde und Verwandte besuchen
Briefe schreiben ◑
Tagebuch führen ◑
Lesen

Der Mond im Krebs

Der Mond im Krebs	
Kraft: Absteigend	**Tagesqualität:** Feuchtigkeit
Element: Wasser	**Körper:** Lunge, Magen, Leber, Galle
Pflanzenteil: Blatt	
Nahrung: Kohlenhydrate	**Organsystem:** Nerven
	Geschlecht: weiblich

Mondpositionen

Neumond im Krebs: Juli

Zunehmender Mond im Krebs: Januar bis Juli

Vollmond im Krebs: Januar

Abnehmender Mond im Krebs: Juli bis Januar

Die Grundstimmung des Tages

An Krebstagen kann es leicht passieren, dass die Gefühle stärker sind als der Verstand. Man sehnt sich nach Ruhe und häuslicher Geborgenheit, nach menschlicher Nähe und Harmonie. Die Empfindsamkeit kann leicht zur Überempfindlichkeit gegenüber äußeren Einflüssen werden, so dass man sich in sich selbst zurückzieht.

Die Witterungstendenz

Krebstage sind Wassertage. An diesen Tagen kann man mit einer leicht erhöhten Niederschlagsneigung rechnen. Luft- und Bodenfeuchtigkeit zeigen im Verhältnis zu den vorangegangenen und folgenden Tagen erhöhte Werte, es fällt verstärkt Tau auf Wiesen und Weiden.

Gesundheit

Lunge, Magen, Leber, Galle verlangen an Krebstagen besondere Aufmerksamkeit. Alles, was man heute für diese Körperregionen tut, um zu heilen oder zu pflegen, wirkt besonders wohltuend; alles, was diesen Organen schadet, kann besonders ungünstig sein.

Diätfehler können sich an Krebstagen besonders deutlich bemerkbar machen – lästiges Aufstoßen oder Sodbrennen sind entsprechende Signale. Wer in diesem Bereich seine Schwächen hat, sollte an Krebstagen (und auch schon davor) auf leichte Kost Wert legen.

Was man tun kann
Fastttag einlegen ●
Maßnahmen zur Stärkung des Immunsystems ◑
Entschlackungs- oder Schlankheitskur ◑
Kräftigende Massagen ◑

Was man lassen sollte
Genussmittel – vor allem Alkohol
Zu viel Fett
Chirurgische Eingriffe im Bereich der oben genannten Organe

Gesunde Ernährung

An Krebstagen – wie auch an allen anderen Blatttagen – verstärkt die Mondkraft die Qualität der Kohlenhydrate. Diese werden jetzt vom Organismus sehr gut aufgenommen und verwertet. Wer jedoch unter Stoffwechselproblemen leidet oder übergewichtig ist, sollte heute Zurückhaltung üben.

Was man essen sollte
Neben kohlenhydratreichen Nahrungsmitteln empfehlen sich an Krebstagen wasserhaltige Gemüse und vor allem Meeresprodukte aller Art.
Früchte und Gemüse: Auberginen, Grünkern, Kohlrabi, Kopfsalat, Kürbis, Mais, Melonen, Sauerampfer, Spinat, Sprossen.
Fische und Meeresfrüchte: Austern, Hummer, Muscheln, Seefische.
Sonstiges: Ahornsirup, Honig, brauner Zucker.

Schönheits- und Körperpflege

Die Mondkräfte wirken an Krebstagen vorwiegend auf die inneren Organe, so dass eine gesunde, ausgewogene Ernährung das beste Schönheitselixier ist. Aber auch Wasseranwendungen entfalten heute ihre wohltuenden Wirkungen. Die Haare sollte man allerdings besser in Ruhe lassen.

Was man tun kann
Beruhigende Bäder
Entspannende Schönheitsbäder ◑
Kräftigende Massagen ◐
Tiefenreinigung der Haut ◑

Was man lassen sollte
Haare waschen
Haare schneiden
Peeling
Salben herstellen
Ausgiebige Sonnenbäder

Haushalt

Krebstage sind Wassertage. Sie sind bei abnehmendem Mond für einige feuchte Reinigungsarbeiten geeignet – ganz besonders für die große Wäsche. Das Lüften von Haus und Keller sollte man an diesen Tagen auf ein Minimum beschränken.

Was man tun kann
Zimmer- und Balkonpflanzen düngen ○
Zimmer- und Balkonpflanzen gießen
Hausputz ◑
Wäsche waschen ◑
Flecken entfernen ◑
Chemische Reinigung ◑

Was man lassen sollte
Backen

Abfüllen, einkochen, einlagern
Milch verarbeiten
Butter zubereiten
Fenster putzen ☽
Garderobe einlagern ☽
Imprägnieren von Textilien ☽
Wischen von Holzböden
Schimmel und Feuchtigkeit beseitigen
Ausgiebiges Lüften

Bauen und heimwerken

Der Krebs wie auch die anderen Wasserzeichen spielen in diesem Bereich eine wichtige Rolle: Manchmal sind sie optimal, oft allerdings auch unerwünscht.

Was man tun kann

Erdaushub mit sofortiger Drainage ☽
Wasserableitung (Drainage) ☽
Installation einer Wasser- oder Heizanlage
Wassersuche und Wasserbau ☽

Was man lassen sollte

Putzmörtel aufbringen bzw. ausbessern
Hausfassade tünchen
Dach eindecken ☽
Holzdielen verlegen
Fenster verglasen und einsetzen
Malerarbeiten aller Art

Garten

Das Blattzeichen Krebs ist ein feucht-warmes, ganz besonders fruchtbares Zeichen, das fruchtbarste überhaupt. Deshalb sind Krebstage meist ideal zum Säen und Pflanzen. Auch zum Gießen und Düngen sind diese Tage sehr geeignet. Allerdings nicht zum Ernten: Es besteht dann nämlich die Gefahr, dass das Erntegut rasch verdirbt!

Was günstig ist

Blattgemüse säen, pflanzen ◑
Kopfsalat pflanzen ◑
Spargel pflanzen ◑
Verschiedene Kohlsorten pflanzen ◑
Kräuter säen, pflanzen ◑
Komposthaufen ansetzen ◑
Pflanzen gießen, wässern
Blumen düngen ◑
Rasen mähen, wenn er schnell nachwachsen soll ◑
Oberirdische Schädlinge bekämpfen ◑
Pikieren von Blatt-Jungpflanzen ◑
Gartenteich anlegen, ausbessern ◑

Was nicht günstig ist

Pflanzen säen oder setzen, die rasch in die Höhe wachsen sollen
Bäume und Sträucher pflanzen
Obstbäume und -sträucher schneiden (auf keinen Fall bei Vollmond!)
Pflanzen veredeln
Ernten, einlagern und konservieren

Landwirtschaft und Tierhaltung

Was günstig ist

Wässern und gießen
Stallreinigung

Was nicht günstig ist

Getreide aussäen ◑
Getreide ernten ◑
Heustock ansetzen ◑
Kartoffeln ernten, einlagern

Beruf und Karriere

Krebstage sind günstig für den vertrauensvollen Umgang mit Berufskollegen und Geschäftspartnern sowie für den Abschluss von Geschäften, die allen Nutzen bringen.

Was günstig ist
Arbeiten, die viel Feingefühl erfordern ◑
Kommunikation, Kontakte
Versteigerung besuchen ◑

Was weniger günstig ist
Lernen ◑
Geschäftsbriefe schreiben ◑
Neues Projekt planen ◑
Verträge abschließen ◑
Werbemaßnahmen ◑
Geldangelegenheiten regeln ◑
Verkäufe

Liebe und Partnerschaft
An Krebstagen ist das Verlangen nach Geborgenheit und Nähe besonders ausgeprägt.

Was gut tut
Zärtlichkeit
Freundschaften pflegen
Seelenvolle Erotik

Freizeit und Erholung
Hinaus ins Grüne oder ans Wasser – das ist die Devise der Krebstage.

Was günstig ist
Schwimmen
Musizieren
Restaurantbesuch zu zweit
Freunde oder Verwandte besuchen
Kochen

Was weniger günstig ist
Tanzen gehen
Feiern im großen Kreis

Der Mond im Löwen

Der Mond im Löwen

Kraft: Absteigend

Element: Feuer

Pflanzenteil: Frucht

Nahrung: Eiweiß

Tagesqualität: Wärme

Körper: Herz, Kreislauf, Blutdruck

Organsystem: Sinnesorgane

Geschlecht: Männlich

Mondpositionen

Neumond im Löwen: August

Zunehmender Mond im Löwen: Februar bis August

Vollmond im Löwen: Februar

Abnehmender Mond im Löwen: August bis Februar

Die Grundstimmung des Tages

An Löwetagen geht man mutig voran. Das Selbstbewusstsein ist gestärkt – ebenso aber auch die Tendenz zur Selbstdarstellung und zum Besitzanspruch. Alles, was Spaß macht und Aktion bietet, kann man jetzt in vollen Zügen genießen; das sollte man aber auch seinen Mitmenschen gönnen.

Die Witterungstendenz

Löwetage sind – natürlich in Abhängigkeit von der Jahreszeit – besonders warm und trocken. Im Sommer besteht allerdings eine verstärkte Neigung zu Gewittern, die oft von sehr heftigen und ergiebigen Regenfällen begleitet werden. Steht der Neu- oder Vollmond im Löwen, schlägt das Wetter häufig um.

Gesundheit

Herz, Kreislauf, Zwerchfell und Rücken verlangen an Löwetagen besondere Zuwendung. Alles, was man heute für diese Körperregionen unternimmt, um zu heilen oder zu pflegen, wirkt besonders wohltuend; alles, was diesen Organen schadet, kann besonders ungünstig sein.

Kreislaufprobleme und Rückenschmerzen können einem an Löwetagen zu schaffen machen. Das sollte man bei der Planung der Tagesaktivitäten berücksichtigen. Bei zunehmendem Mond – vor allem in der Nähe des Vollmonds – tritt an Löwetagen häufiger nervöse Unruhe auf, und es kann zu Schlafstörungen kommen.

Was man tun kann

Damit beginnen, schlechte Gewohnheiten (z. B. das Rauchen) aufzugeben ●
Viel trinken, da Löwetage sehr trocken sind. Brennesseltee zur Entschlackung trinken ◑
Hühneraugen, Warzen und eingewachsene Nägel entfernen ◑
Zahnärztliche Behandlung ◑

Was man lassen sollte

Chirurgischee Eingriffe in den oben genannten Körperregionen
Impfungen ◐
Heftige körperliche Anstrengungen (bei Herz- und Kreislaufproblemen)

Gesunde Ernährung

An Löwetagen – wie an allen Fruchttagen – beeinflussen die Mondkräfte die Eiweißqualität. Unser Organismus kann jetzt alle mit der Nahrung zugeführten Eiweißstoffe optimal aufnehmen und verwerten. Eiweißstoffe fördern den Zellaufbau und steigern die körperliche sowie geistige Leistungsfähigkeit. Wer jedoch Verdauungs- oder Stoffwechselprobleme hat, sollte an diesen Tagen eher zurückhaltend sein und nicht zu viel Eiweiß zu sich nehmen.

Was man essen sollte

Neben eiweißreicher Kost und rotem Obst oder roten Gemüsen bevorzugt man an Löwetagen das Außergewöhnliche, Exquisite – die Genussfähigkeit ist an diesen Tagen sehr ausgeprägt.

Obst und Gemüse: Ananas, Aprikosen, Grapefruits, Himbeeren, Hülsenfrüchte, Orangen, Quitten, Süßkirschen, Weintrauben.

Fleisch und Fisch: Fasan, Forelle, Hirsch, Kaviar, Langusten, Truthahn, Shrimps.

Schönheits- und Körperpflege

Fitness – körperliche und mentale – sollte das Ziel eines Pflegeprogramms an den Löwetagen heißen. Dazu gehören Sport, Gymnastik und viel Bewegung an der frischen Luft. Dabei und danach sollte man viel trinken – am besten klares Wasser oder Früchtetees.

Was man tun kann

Haare schneiden, wenn sie dicht nachwachsen sollen ◑

Haare schneiden, wenn sie lang werden sollen ◐

Aphrodisische Bäder (○, ◐)

Saunabad ◐

Eingewachsene Nägel korrigieren ◐

Haare waschen

Was man lassen sollte

Ausgiebige Sonnenbäder

Haushalt

Löwetage sind Wärmetage von besonders ausgeprägter Qualität. Sie sind deshalb auch für trockene Reinigungsarbeiten (bei abnehmendem Mond) sowie für das Konservieren von Obst und Fruchtgemüse geeignet. Achten Sie darauf, dass an Löwetagen die Luftfeuchtigkeit in den Wohnräumen nicht zu stark absinkt!

Was man tun kann

Neubezug einer Wohnung ●

Ausgiebig lüften

Feuchtreinigung von Holz- und Parkettböden ◑
Fenster putzen ◑
Porzellan reinigen ◑
Speisekammer reinigen ◑
Kellerregale und Obsthorden reinigen
Vorräte einlagern ◑
Obst einkochen, einfrieren
Kuchen backen
Schuhe putzen ◑
Chemische Reinigung ◑

Was man lassen sollte
Zimmer- und Balkonpflanzen düngen
Streichen und lackieren
Imprägnieren von Textilien ◑
Flecken entfernen ◑
Abbeizen und Entfärben ◑
Fensterrahmen reinigen ◑

Bauen und heimwerken
Obwohl der Löwe ein trockenes Zeichen ist, sind die Löwetage doch nicht für alle Bauarbeiten geeignet, weil sie ihrer Natur nach nicht nur trocken, sondern auch sehr heiß sind.

Was man tun kann
Einen Bau beginnen
Hausfassade tünchen ◑

Was man lassen sollte
Beton und Estrich gießen
Putzschäden ausbessern (◑, ○)
Dachstuhl fertigen und aufrichten
Strohdach eindecken ◑
Holzdielen und -decken verlegen
Malerarbeiten
Installation einer Wasser- oder Heizanlage ◑

Garten

Das Fruchtzeichen Löwe ist ein heißes, trockenes, nicht sehr fruchtbares Zeichen, so dass es an Löwetagen vor allem angebracht ist, Getreide bzw. Rasen zu säen.

Was günstig ist
Schädlingsbekämpfung ◐
Früchte einkochen
Obstbaumschnitt ◑
Rasen ansäen ◑
Obstbäume veredeln ◑

Was weniger günstig ist
Kunstdünger ausbringen, weil die Pflanzen »verbrennen« können
Boden umgraben, lockern ◑
Obst und Gemüse ernten
Unkraut jäten ◑
Rasen mähen ◐
Hecken schneiden, roden ◑

Landwirtschaft und Tierhaltung
Was günstig ist
Getreide aussäen ◑
Getreide ernten, einlagern ◑
Stallreinigung

Was nicht so günstig ist
Kartoffeln häufeln ◑
Kunstdünger ausbringen
Stall neu beziehen
Viehaustrieb auf die Weide

Beruf und Karriere

Löwetage sind günstig, um kühne Projekte mit dem nötigen Selbstbewusstsein »an den Mann zu bringen«. Doch Vorsicht: Es besteht durchaus die Gefahr, ein Risiko zu unterschätzen!

Vorstellungsgespräch ◑
Kreative Tätigkeiten
Lernen
Verkäufe ◑
Steuerangelegenheiten regeln

Liebe und Partnerschaft

An Löwetagen ist die Liebe wild und voller Leidenschaft. Da werden Wünsche wahr, die sonst im Verborgenen bleiben.

Was gut tut
Flirten, verführen und erobern
Romantische Stimmung
Zärtlichkeit

Was nicht so schön ist
Misstrauen
Eifersucht

Freizeit und Erholung

Langeweile ist out, Spannung ist angesagt. Abenteuer, Sport und Spiel sind die bevorzugten Aktivitäten.

Was günstig ist
Picknick
Party feiern
Opern- oder Konzertbesuch
Sport treiben ◑
Verwandte und Freunde besuchen

Was weniger günstig ist
Neigung zur Verschwendung
Verstärkter Stresseinfluss
Kochen ◐
Träumen, meditieren ◑

Der Mond in der Jungfrau

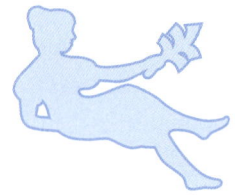

Der Mond in der Jungfrau

Kraft: Absteigend	**Körper:** Stoffwechsel,
Element: Erde	Verdauung
Pflanzenteil: Wurzel	**Organsystem:**
Nahrung: Salz	Blutkreislauf
Tagesqualität: Kälte	**Geschlecht:** Weiblich

Mondpositionen

Neumond in der Jungfrau: September

Zunehmender Mond in der Jungfrau: März bis September

Vollmond in der Jungfrau: März

Abnehmender Mond in der Jungfrau: September bis März

Die Grundstimmung des Tages

Mit der Leidenschaft tut man sich schwer an Jungfrautagen. Ordnung, Sicherheit und kühles Abwägen stehen im Vordergrund, ebenso Pflichtbewusstein und Verantwortungsgefühl – sowohl was den Beruf angeht als auch Familie und eigene Gesundheit. Große Taten darf man aber nicht erwarten.

Die Witterungstendenz

An Jungfrautagen empfindet man oft Kühle. Auch bei ansonsten warmer Witterung bleibt der Erdboden relativ kalt, und auch die Luft kühlt sich in den Abendstunden ziemlich rasch ab.

Gesundheit

Verdauungsorgane, Bauchspeicheldrüse und Milz sind an Jungfrautagen besonders angesprochen. Alles, was man jetzt für diese Körperregion tut, um zu heilen oder zu pflegen, wirkt besonders wohltuend; alles, was diesen Organen schadet, kann sehr ungünstig sein.

Wer Verdauungsprobleme hat, sollte an Jungfrautagen auf schwere, insbesondere fettreiche Speisen besser verzichten. Andererseits sind Jungfrautage – besonders im Frühjahr – sehr gut geeignet, um eine Blutreinigungs- bzw. Entschlackungskur zu machen.

Was man tun kann
Diät beginnen ◗
Kur oder Rehabilitationsmaßnahmen beginnen ◖
Heilende Bäder

Was man lassen sollte
Schwere, fettreiche Speisen
Chirurgische Eingriffe in der oben genannten Körperregion
Impfungen ◖

Gesunde Ernährung
An Jungfrautagen – wie auch an allen anderen Wurzeltagen – wirken die Mondimpulse auf die Salzqualität. Kochsalz, das in den Speisen enthalten ist, wird jetzt vom Organismus besonders gut aufgenommen und verwertet. Kochsalz ist wichtig für den Stoffwechsel, vor allem auch für die Bluternährung. Wer jedoch salzarm essen muss – beispielsweise bei Bluthochdruck –, sollte an Jungfrautagen äußerst vorsichtig sein, da schon geringe Salzmengen eine unerwünschte Wirkung hervorrufen können.

Was man essen sollte
Neben salzhaltigen Lebensmitteln werden vor allem Wurzelgemüse sowie Trockenprodukte empfohlen, die an Jungfrautagen besonders gut bekommen.
Gemüse: Bataten, Champignons, Fenchel, Kartoffeln, Knoblauch, Pastinaken, Sellerie, Zwiebeln.
Fleisch und Fisch: Kalb, Salzheringe.
Gewürze: Estragon, Ingwer, Kardamom, Kümmel, Salbei, Thymian.
Sonstiges: Buttermilch, Quark.

Schönheits- und Körperpflege

Bei Hautunreinheiten, zu trockener oder fettiger Haut hilft oft eine Blutreinigungskur mit Brennnesseltee oder -saft, die man vor allem an Jungfrautagen, aber auch an den anderen Erdtagen (Stier, Steinbock) durchführen sollte. Vorbeugend kann man diese Pflegemaßnahme jedes Frühjahr einplanen.

Was man tun kann
Dauerwelle legen
Heilende Bäder ◑

Was man lassen sollte
Heil- und Kosmetiksalben herstellen
Anregende Bäder
Haare tönen, färben

Haushalt

Jungfrautage sind Kältetage. Sie sind – besonders bei zunehmendem Mond – für Hausarbeiten eher weniger geeignet.

Was man tun kann
Zimmer- und Balkonpflanzen düngen ◑
Zimmer- und Balkonpflanzen umtopfen ◑
Fußböden trocken reinigen ◑
Staub wischen ◑

Was man lassen sollte
Einlagern, abfüllen, konservieren
Einfrieren von Lebensmitteln
Butter zubereiten
Anheizen im Herbst ◑

Bauen und heimwerken

Das Erdzeichen Jungfrau setzt keine besonderen Akzente in Bezug auf alle Arbeiten im Baubereich. Allerdings sind Jungfrautage ganz allgemein günstig für Reparaturarbeiten in Haus und Garten.

Was man tun kann
Erdaushub für das Fundament ◑
Beton und Estrich gießen ◑
Ziegeldach eindecken ◑
Fußbodenbeläge verlegen ◑
Malerarbeiten ◑
Hausfassade tünchen ◑
Kleinreparaturen in Haus und Garten ◑

Was man lassen sollte
Wassersuche und Wasserbau
Installation einer Wasser- oder Heizanlage ◑

Garten

Das Wurzelzeichen Jungfrau ist ein kühl-trockenes, nur mäßig fruchtbares Tierkreiszeichen, das dennoch viele Arbeiten im Garten begünstigt. Das betrifft sowohl das Setzen wie auch das Umsetzen von Pflanzen, die Bodenbearbeitung und die Schädlingsbekämpfung.

Was günstig ist
Lockern des Bodens
Boden umgraben ◑
Bäume pflanzen, die sehr hoch werden sollen ◑
Verpflanzen alter Bäume (im Frühjahr oder Herbst)
Rasen säen ◑
Setzen von Stecklingen
Komposthaufen ansetzen ◑
Pflanzen düngen ◑
Unterirdisches Ungeziefer bekämpfen ◑
Laub rechen ◑

Was weniger günstig ist
Kopfsalat auspflanzen
Rankende Gewächse säen, setzen ◑
Veredeln von Obstgehölzen oder Rosen ◑
Früchte und Samen ernten

Landwirtschaft und Tierhaltung

Was günstig ist

Kartoffeln anbauen ◑

Kartoffeln häufeln ◐

Kartoffeln ernten (zum sofortigen Verzehr)

Unterirdische Schädlinge bekämpfen ◑

Pflanzen düngen ◑

Stall reinigen

Viehaustrieb auf die Weide

Misthaufen ansetzen ◑

Was nicht so günstig ist

Getreide ernten, einlagern

Entwöhnen von Kälbern ○

Stall neu beziehen

Lagerstreu einbringen

Beruf und Karriere

Jungfrautage sind günstig, um mit möglichst wenig finanziellem und materiellem Aufwand optimale Ergebnisse zu erreichen. Da dreht man den Cent zweimal um, bevor man ihn ausgibt. Doch bedenken Sie: Sparsamkeit ist eine Tugend, Geiz hingegen eine Plage.

Was günstig ist

Vorstellungsgespräch ◑

Lernen

Schreiben ◑

Reiseplanung

Behördengänge

Geschäftliche Besprechungen ◐

Planung des Budgets ◐

Geldangelegenheiten regeln ◐

Immobilien verkaufen ◑

Immobilien kaufen ◐

Sparen

Kreative Tätigkeiten
Arbeiten, die viel Fingerspitzengefühl erfordern ☽
Werbung ☽

Liebe und Partnerschaft

An Jungfrautagen sind die Partner eher mit ihren eigenen Angelegenheiten befasst, so dass die Gemeinsamkeit zur Zweisamkeit werden kann. Das muss kein Mangel sein, wenn man das rechte Maß zwischen Distanz und Nähe findet.

Was gut tut
Perfekte Balance zwischen körperlicher Nähe und Distanz

Was nicht so schön ist
Gereizte Simmung
Distanziertheit
Prüderie und Ängstlichkeit in der Erotik

Freizeit und Erholung

Sich selbst einmal so richtig verwöhnen – das könnte das richtige Programm für die Jungfrautage sein. Da kann man beispielsweise die eigenen vier Wände verschönern, dem Körper Gutes tun, die Seele baumeln lassen …

Was günstig ist
Ausflug ins Grüne
Einkaufen, wenn man nicht viel ausgeben will
Sparplan aufstellen ☽
Aufräumen, ordnen
Ausruhen ☽
Yoga ☽

Was weniger günstig ist
Neigung zu Kritik und Auseinandersetzung
Bekanntschaften pflegen

Der Mond in der Waage

Mondpositionen

Neumond in der Waage: Oktober
Zunehmender Mond in der Waage: April bis Oktober
Vollmond in der Waage: April
Abnehmender Mond in der Waage: Oktober bis April

Die Grundstimmung des Tages

An Waagetagen wird es eher schwerer fallen, grundsätzliche Entscheidungen zu treffen, denn die Entschlusskraft ist ziemlich gering. Dafür sucht und findet man Harmonie in den Begegnungen mit Menschen sowie in der Partnerschaft. Doch Vorsicht ist geboten: Ist die Harmonie gestört, so neigt man leicht zur Eifersucht!

Die Witterungstendenz

Waagetage wirken oft heiter und hell, auch wenn sich die Sonne nicht allzu häufig zeigt. Außerdem besteht eine Neigung zu relativ geringer Luftfeuchtigkeit, so dass der Eindruck von Trockenheit erzeugt wird.

Gesundheit

Hüfte, Blase und Nieren verlangen an Waagetagen unsere besondere Aufmerksamkeit. Alles, was man jetzt für diese Körperregion unternimmt, um zu heilen oder zu pflegen, wirkt besonders wohltuend; alles, was diesen Organen schadet, kann besonders ungünstig sein.

An Waagetagen heißt es den Unterleib vor Unterkühlung zu schützen, weil sonst Blasen- oder Nierenbeckenentzündung drohen kann. Um Nieren und Blase gut durchzuspülen, sollte man an diesen Tagen – vor allem nachmittags – reichlich trinken.

Was man tun kann
Fasttag zur Entschlackung und Reinigung einlegen ●
Beckenbodengymnastik
Kräftigende Massagen zum Muskelaufbau ◑

Was man lassen sollte
Chirurgische Eingriffe in der oben genannten Körperregion

Gesunde Ernährung
An Waagetagen – wie auch an allen anderen Blütentagen – beeinflusst der Mond die Qualität von Fetten und Ölen in der Nahrung. Diese lebenswichtigen Nährstoffe werden jetzt besonders gut aufgenommen und vom Organismus optimal verwertet. Es kann also durchaus sein, dass man an diesen Tagen Appetit auf Fettiges hat und dass solche Speisen auch gut bekommen. Wer aber fettarm essen muss, um beispielsweise seinen Cholesterinspiegel normal zu halten, sollte gerade jetzt auf fettreiche Kost verzichten.

Was man essen sollte
Fetthaltige Speisen bzw. solche, die mit Fett zubereitet werden, werden an Waagetagen gerne gegessen. Beachten sollte man noch, dass an diesen Tagen das »Auge mitisst«, so dass ein schön gedeckter Tisch und attraktiv angerichtete Speisen besonders willkommen sind.
Obst und Gemüse: Blumenkohl, Haselnüsse, Holunder, Kastanien, Malven, Mandeln, Pistazien, Rosenkohl, Sanddorn, Sonnenblumenkerne.
Fleisch: Ente, Rind, Wachtel.
Sonstiges: Butter, Marzipan, Mohn, Sahne.

Schönheits- und Körperpflege

Vor allem körperliche, aber auch seelische Anregung ist an Waagetagen gefragt. Die findet man am besten bei Sport und Spiel in der
freien Natur. Aber Vorsicht vor Unterkühlung – besonders den
Unterkörper sollten Sie schön warm halten! Außerdem ist es gut,
viel zu trinken.

Was man tun kann

Anregende, vitalisierende Bäder
Tiefenreinigung der Haut ◐
Haare waschen
Haare färben, tönen ◑
Bürstenmassagen
Körperhaare entfernen ◐

Was man lassen sollte

Heilende Bäder ◐

Haushalt

Waagetage sind Lufttage. Sie sind bei abnehmendem Mond für fast
alle Reinigungsarbeiten hervorragend geeignet. Die Wohnung sollte
an diesen Tagen ausgiebig gelüftet werden.

Was man tun kann

Hausputz ◑
Wischen von Holz- und Parkettböden ◑
Umräumen und neu einrichten
Ungeziefer in Haus und Wohnung bekämpfen ◑
Schimmel und Feuchtigkeit beseitigen ◐
Blumen für die Vase pflücken ◑
Kuchen backen ◑
Butter zubereiten
Kellerregale und Obsthorden reinigen ◐
Fenster putzen ◑
Schuhe putzen ◑
Chemische Reinigung ◑

Imprägnieren von Textilien ◑
Garderobe einlagern ◑
Metalle reinigen ◑

Was man lassen sollte
Zimmer- und Balkonpflanzen gießen
Obst einkochen ◑
Sauerkraut ansetzen

Bauen und heimwerken

Waagetage sind Lufttage mit recht trockenem Charakter. Sie üben keinen besonderen Einfluss auf die Tätigkeiten in diesem Bereich aus. Die durch die Mondphasen bedingten Kräfte überwiegen deutlich.

Was man tun kann
Hausfassade tünchen ◑
Dachstuhl fertigen unf aufrichten ◑
Stroh- oder Ziegeldach eindecken ◑
Fenster verglasen und einsetzen ◑
Malerarbeiten ◑

Was man lassen sollte
Installation einer Wasser- oder Heizanlage ◑
Wassersuche und Wasserbau

Garten

Das Blütenzeichen Waage ist ein trocken-warmes, für die Fruchtbarkeit eher neutrales Tierkreiszeichen. Besonders Blumen (vor allem Rosen), die an Waagetagen gesät oder gepflanzt werden, entwickeln einen üppigen Blütenflor und prächtige Farben.

Was günstig ist
Blumenzwiebeln der Frühjahrsblüher setzen ◑
Einjährige Blumen säen ◐
Heilpflanzen säen ◐

Laubbäume aussäen
Rosen schneiden ◗
Heckenschnitt

Kopfsalat säen ◐
Veredeln von Obstgehölzen und Rosen ◐
Ernten, einlagern und konservieren
Pflanzen gießen

Landwirtschaft und Tierhaltung
Was günstig ist
Heustock ansetzen ◗
Kartoffeln häufeln ◐
Heilkräuterbehandlung bei Tieren ◗
Stall reinigen ◗
Viehaustrieb auf die Weide

Was nicht so günstig ist
Wässern und Gießen der Pflanzen
Stall neu beziehen
Lagerstreu einbringen

Beruf und Karriere
Waagetage sind günstig, um berufliche Ziele zu formulieren und
geschäftliche Strategien auszuarbeiten.

Was günstig ist
Vorstellungsgespräch ◗
Kreative Tätigkeiten
Arbeiten mit viel Fingerspitzengefühl ◑
Verkäufe ◑
Geschäftsbilanz erstellen
Erbschaftsangelegenheiten regeln
Konferenzen ◐
Verträge abschließen ◐

Was weniger günstig ist
Neue Projekte planen ◑
Budgetplanung ◑

Liebe und Partnerschaft
An Waagetagen kommt es darauf an, Verständnis für den Partner zu entwickeln, auf seine Wünsche und Vorstellungen einzugehen. Gelingt das, wird die Liebe an Tiefe und Reife gewinnen.

Was gut tut
Harmonische Stimmung
Freundschaften pflegen und festigen
Neue Bekanntschaften schließen
Kleine Geschenke
Liebeserklärung
Romantische Verführungen
Kultivierte Erotik

Freizeit und Erholung
Frische Luft – für die Lunge wie für den Kopf – sorgt an Waagetagen für Klarheit und gute Laune. Abends ist dann Zerstreuung angesagt, am besten im Kreis guter Freunde oder interessanter Persönlichkeiten.

Was günstig ist
Opern- bzw. Konzertbesuch
Museumsbesuch
Beschäftigung mit moderner Kunst
Lesen
Tanzen
Einkaufsbummel
Freunde besuchen
Wohnung verschönern

Der Mond im Skorpion

Der Mond im Skorpion	
Kraft: Absteigend	**Körper:** Geschlechtsorgane, Harnwege
Element: Wasser	
Pflanzenteil: Blatt	**Organsystem:** Nerven
Nahrung: Kohlenhydrate	**Geschlecht:** Weiblich
Tagesqualität: Feuchtigkeit	

Mondpositionen

Neumond im Skorpion: November
Zunehmender Mond im Skorpion: Mai bis November
Vollmond im Skorpion: Mai
Abnehmender Mond im Skorpion: November bis Mai

Die Grundstimmung des Tages

»Seele« und »Sinnlichkeit« sind die dominanten Begriffe der Skorpiontage. Das Tierkreiszeichen setzt erhebliche emotionale Energien frei, die sich vor allem in der Sexualität ausleben. Dass die Liebe aber nicht nur Lust, sondern auch Schmerz bringen kann, sollte dabei nicht vergessen werden.

Die Witterungstendenz

Skorpiontage sind Wassertage von besonders ausgeprägtem Charakter. Die Erde wird an diesen Tagen nie ganz trocken. Außerdem besteht eine erhöhte Neigung zu Niederschlägen.

Gesundheit

Geschlechtsorgane und Harnwege sind an Skorpiontagen besonders empfindsam. Alles, was man heute für diese Körperregion unternimmt, um zu heilen oder zu pflegen, wirkt besonders wohltuend; alles, was diesen Organen schadet, kann besonders ungünstig sein. Unterkühlung ist an Skorpiontagen die häufigste Ursache von Harnwegsentzündungen. Schwangere sollten an diesen Tagen besonders vorsichtig sein – vor allem bei zunehmendem Mond herrscht eine Tendenz zu Fehlgeburten.

Was man tun kann
Sitzbäder (z. B. mit Zusatz von Schafgarbe)
Entschlackungs- oder Schlankheitskur ◗
Warzen entfernen ◗
Zahnärztliche Behandlung ◗

Was man vermeiden sollte
Kalte Füße
Chirurgische Eingriffe in der oben genannten Körperregion
Impfungen

Gesunde Ernährung
An Skorpiontagen – wie auch an allen anderen Blatttagen – verstärkt die Mondkraft die Qualität der Kohlenhydrate. Diese werden an diesen Tagen vom Organismus sehr gut aufgenommen und verwertet. Kohlenhydrate erhöhen die körperliche Leistungskraft und gelten allgemein als »Nervennahrung«. Wer jedoch unter Stoffwechselproblemen leidet oder übergewichtig ist, sollte jetzt Zurückhaltung üben.

Was man essen sollte
Grüne Gemüse, Blattsalate und wasserreiche sowie kohlenhydratreiche Lebensmittel werden an Skorpiontagen bevorzugt. Auch Mehlspeisen sind an diesen Tagen besonders bekömmlich.
Obst und Gemüse: Bataviasalat, Chicorée, Endiviensalat, Essiggurken, Kresse, Löwenzahn, Radiccio, Rhabarber, Sauerkraut, Wirsingkohl, Zucchini.
Fleisch und Fisch: Heringe, Kalb.
Gewürze: Essig, Pfefferminze.
Sonstiges: Buchweizen, Dinkel, Vollkornprodukte.

Schönheits- und Körperpflege

Ganzkörpermassagen, auch als Partnermassagen, passen sehr gut in das Pflegeprogramm an Skorpiontagen. Dafür eignet sich auch ein Saunabesuch und/oder ein Ausflug ans Wasser, um Körper und Seele etwas Gutes zu tun.

Was man tun kann
Beruhigende Bäder
Entspannungsübungen ◑
Fuß- und Nagelpflege ◑
Kräuterkissen herstellen ◑
Tiefenreinigung der Haut ◑
Körperhaare entfernen ◑

Was man lassen sollte
Aphrodisische Bäder ◐

Haushalt

Skorpiontage sind Wassertage. Sie sind günstig für viele feuchte Reinigungsarbeiten, die man bei abnehmendem Mond durchführen sollte. Lebensmittel sollte man an Skorpiontagen weder einlagern noch konservieren.

Was man tun kann
Zimmer- und Balkonpflanzen gießen
Zimmer- und Balkonpflanzen düngen (○, ◑)
Wäsche waschen ◑
Fensterrahmen reinigen ◑
Hausputz ◑
Chemische Reinigung ◑
Flecken entfernen ◑

Was man lassen sollte
Marmelade kochen ◑
Milch verarbeiten
Butter zubereiten

Backen
Fenster putzen ◑
Feuchtreinigung von Holzböden
Metalle reinigen ◑
Porzellan reinigen ◑
Schimmel und Feuchtigkeit beseitigen
Schuhe putzen ◑
Ausgiebiges Lüften
Garderobe einlagern ◑
Sauerkraut ansetzen
Streich- und Lackierarbeiten

Bauen und heimwerken

Als Wassertage sind Skorpiontage für das Bauen weniger gut geeignet. Wenn man dennoch an diesen Tagen einige Arbeiten erledigen muss, sollte man unbedingt auf die richtige Mondphase achten.

Was man tun kann

Erdaushub, wenn sofortige Wasserableitung (Drainage)
vorgesehen ist ◑
Wasserableitung ◑
Installation einer Wasser- oder Heizanlage ◑
Wassersuche und Wasserbau ◑

Was man lassen sollte

Erdaushub, wenn Drainage erst später erfolgt
Hausfassade tünchen
Dach eindecken ◑
Fenster verglasen und einsetzen

Garten

Das Blattzeichen Skorpion ist ein feucht-kühles, sehr fruchtbares Zeichen, bei dem man vieles säen oder pflanzen kann, was nach oben wächst und über dem Erdboden Ertrag bringt. Was besonders wichtig ist: Alles, was an Skorpiontagen gesät oder gepflanzt wird, zeichnet sich durch große Widerstandskraft aus.

Was günstig ist

Komposthaufen ansetzen ◑
Gründüngung aussäen, einarbeiten ◑
Blattgemüse säen, pflanzen ◑
Kopfsalat pflanzen ◑
Pflanzen gießen, wässern
Pflanzen düngen ◑
Rasen mähen, wenn er schnell nachwachsen soll ◑
Hecke schneiden, wenn sie schnell nachwachsen soll
Gartenteich anlegen, ausbessern ◑

Was weniger günstig ist

Erdbeeren pflanzen
Tomaten pflanzen
Ausschneiden von Obstbäumen und -sträuchern
Obst- und Ziergehölze veredeln ◑
Obst ernten
Abfüllen, einlagern

Landwirtschaft und Tierhaltung

Was günstig ist

Tiere decken
Stall reinigen

Was nicht so günstig ist

Heustock ansetzen ◑
Stall neu beziehen
Milch verarbeiten

Beruf und Karriere

Skorpiontage sind günstig, um intuitiv Situationen einzuschätzen und die notwendigen Entscheidungen zu treffen.

Was günstig ist

Neues Projekt planen
Geschäftliche Besprechungen ◑

Nachforschungen anstellen ◑
Testament aufsetzen ◐

Was weniger günstig ist
Lohn- bzw. Gehaltserhöhung beantragen ◑
Geldangelegenheiten regeln ◑
Verkäufe

Liebe und Partnerschaft

An Skorpiontagen kommen Gefühle in ihren extremsten Ausdrucksformen vor. Alles ist möglich – heftige, wilde Liebesattacken, aber auch unbegründete Aggressionen und unkontrollierte Eifersuchtsszenen.

Was gut tut
Leidenschaftliche, raffinierte Erotik
Knisternde Sinnlichkeit
Nicht alltägliche Erfüllung sexueller Wünsche

Was nicht so schön ist
Gereiztheit, Aggressivität
Eifersucht

Freizeit und Erholung

Wenn der Mond im Skorpion steht, hat man kaum Sinn für Äußerlichkeiten, sondern zieht sich eher in seine kleine Welt zurück, um über die großen Fragen des Lebens nachzudenken.

Was günstig ist
Musizieren
Meditieren
Autokauf ◐
Autoreparatur ◑

Was weniger günstig ist
Einen Ausflug machen

Der Mond im Schützen

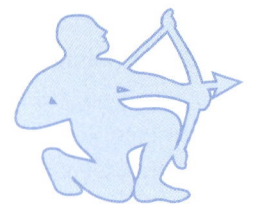

Der Mond im Schützen	
Kraft: Schon aufsteigend; Wendepunkt zwischen absteigender und aufsteigender Kraft	**Nahrung:** Eiweiß
	Tagesqualität: Wärme
	Körper: Oberschenkel, Venen
Element: Feuer	**Organsystem:** Sinnesorgane
Pflanzenteil: Frucht	**Geschlecht:** Männlich

Mondpositionen

Neumond im Schützen: Dezember
Zunehmender Mond im Schützen: Juni bis Dezember
Vollmond im Schützen: Juni
Abnehmender Mond im Schützen: Dezember bis Juni

Die Grundstimmung des Tages

Neue Ziele, neue Pläne, neue Wege – an Schützetagen ist der Blick nach vorn gerichtet. Man will alles wissen, alles erleben, nicht in Ruhe oder Routine verharren. Eine gewisse innere Unruhe, die man jetzt verspürt, kann aber auch leicht zu unbedachten, vorschnellen Entscheidungen führen, die man später bereut.

Die Witterungstendenz

Schützetage sind Wärmetage von relativ ausgeglichenem Charakter – mäßig warm, freundlich und ziemlich trocken. Im Sommer kann man an Schützetagen häufiger mit Gewittern rechnen, die von ergiebigen Niederschlägen begleitet sind. Bei Neu- und Vollmond ist an Schützetagen ein rascher Wetterumschwung möglich.

Gesundheit

Lendenwirbelsäule, Oberschenkel und Venen sollten an Schütz-etagen besonders beachtet werden. Alles, was man heute für diese Körperregionen tut, um zu heilen oder zu pflegen, wirkt besonders wohltuend; alles, was ihnen schadet, kann besonders ungünstig sein.

Bei Wetteränderungen, die an Schützetagen häufiger auftreten, muss mit Ischias- und Rückenschmerzen gerechnet werden. Untrainierte gehen bei übermäßiger sportlicher Belastung an Schützetagen das Risiko ein, sich schnell einen Muskelkater zuzuziehen.

Was man tun kann
Zahnbehandlung ◗
Reichlich Fruchtsäfte und Kräutertees trinken
Korrektur eingewachsener Nägel ◖
Stärkende ◖ oder entspannende ◗ Massagen

Was man lassen sollte
Chirurgische Eingriffe in den oben genannten Körperregionen
Impfungen ○

Gesunde Ernährung

An Schützetagen – wie auch an den anderen Fruchttagen – beeinflussen die Mondkräfte die Eiweißqualität. Unser Organismus kann jetzt alle mit der Nahrung zugeführten Eiweißstoffe optimal aufnehmen und verwerten. Eiweißstoffe fördern den Zellaufbau und steigern die körperliche sowie geistige Leistungsfähigkeit. Wer jedoch Verdauungs- oder Stoffwechselprobleme hat, sollte an diesen Tagen eher zurückhaltend sein und nicht zu viel Eiweiß zu sich nehmen.

Was man essen sollte
Neben eiweißhaltigen Lebensmitteln und roten Gemüsen genießt man an diesen Tagen besonders gerne exotische Speisen und Gewürze, die die Sehnsucht nach der Ferne wach halten.
Obst und Gemüse: Äpfel, Auberginen, Birnen, Brombeeren, Datteln, Heidelbeeren, Kiwi, Mangos, Pfirsiche, Schwarze Johannisbeeren, Sprossen, Sojabohnen, Zucchini.

Fleisch und Fisch: Hase, Hirsch, Karpfen, Reh, Scholle, Tintenfisch.
Gewürze: Curry.
Sonstiges: Quark, Tofu.

Schönheits- und Körperpflege

Schützetage sollten mit sportlicher Aktivität, vor allem mit dem Laufen oder Gehen, verbunden sein. Aber auch Krafttraining an diesen Tagen hilft, das Körpergefühl zu verbessern. An Schützetagen ist es besonders wichtig, ausreichend zu essen und reichlich zu trinken.

Was man tun kann
Aphrodisische Bäder ◐
Saunabad ◐
Nagelpflege ◐
Tiefenreinigung der Haut ◑
Eingewachsene Nägel ziehen ◐
Kräuterkissen herstellen ◐

Was man lassen sollte
Ausgiebige Sonnenbäder ◑

Haushalt

Schützetage sind Wärmetage, an denen es einen eher ins Freie zieht. Wer dennoch etwas im Haushalt tun will, dem seien vor allem Reinigungsarbeiten bei abnehmendem Mond nahe gelegt. Lüften kann man an diesen Tagen gründlich.

Was man tun kann
Eine neue Wohnung beziehen ●
Feuchtreinigung von Holz- und Parkettböden ◑
Fenster putzen ◑
Speisekammer reinigen ◑
Porzellan reinigen ◑
Brot backen
Einkochen von Früchten

Einfrieren von Obst und anderen Lebensmitteln
Sauerkraut ansetzen
Anheizen im Herbst ◗

Was man lassen sollte
Fett erhitzen (Vorsicht Brandgefahr!)
Fensterrahmen reinigen ◗
Zimmer- und Balkonpflanzen einpflanzen oder umtopfen ◗
Zimmer- und Balkonpflanzen düngen ◖

Bauen und heimwerken

Als Feuerzeichen ist der Schütze von warmem und trockenem Charakter, so dass – vor allem bei abnehmendem Mond – viele Arbeiten positiv beeinflusst werden.

Was man tun kann
Beton und Estrich gießen ◗
Putzmörtel auftragen bzw. ausbessern ◗
Hausfassade tünchen ◗
Fenster verglasen und einsetzen ◗
Malerarbeiten aller Art ◗

Was man lassen sollte
Dachstuhl fertigen und aufrichten
Strohdach eindecken ◖
Holzdielen und -decken verlegen
Installation einer Wasser- oder Heizanlage ◗
Wassersuche und Wasserbau
Wege-, Straßen- und Zaunbau

Garten

Das Fruchtzeichen Schütze ist ein trockenes, wenig fruchtbares Zeichen. Pflanzen sollte man an Schützetagen vor allem Gewächse, die sehr hoch hinaus wachsen sollen. Daneben sind Schützetage sehr gute Erntetage.

Was günstig ist

Tomaten pflanzen ☾

Stangenbohnen legen ☾

Obst- und Ziergehölze veredeln ☾

Obst und Gemüse düngen (☽, ○)

Obstbaumschnitt ☽

Obst und Gemüse ernten, einlagern

Oberirdische Schädlinge bekämpfen ☾

Pikieren von Frucht-Jungpflanzen ☾

Was nicht so günstig ist

Jäten, weil dadurch noch mehr Unkraut aus dem Boden
»hervorgelockt« wird ☾

Lockern des Bodens ☽

Heckenschnitt

Landwirtschaft und Tierhaltung

Was günstig ist

Getreide anbauen ☾

Getreide düngen ☽

Getreide ernten, einlagern ☽

Weinstöcke setzen ☾

Stall neu beziehen

Milch verarbeiten

Was nicht günstig ist

Stallreinigung

Beruf und Karriere

Schützetage sind günstig, um mit viel Energie und Kraft die Voraussetzungen für erfolgreiches Handeln zu schaffen.

Was günstig ist

Vorstellungsgespräch ☽

Fortbildung/Seminar ☾

Rechtsangelegenheiten regeln

Verhandlungen führen
Verträge abschließen ◑
Verkäufe ◐

Was weniger günstig ist
Steuerangelegenheiten regeln
Geschäftsbriefe schreiben ◑

Liebe und Partnerschaft

An Schützetagen wachsen der Liebe Flügel, die Lust auf Neues scheint ohne Grenzen. Wer jetzt seiner Spontaneität in der Sexualität freien Lauf lässt, kann – im besten Sinne des Wortes – etwas erleben.

Was gut tut
Zukunftspläne schmieden
Neue Bekanntschaften schließen
Liebe im Freien

Freizeit und Erholung

Die Sehnsucht nach Ferne und Abenteuer packt uns, wenn der Mond durch das Tierkreiszeichen Schütze wandert.

Was günstig ist
Ausflug ins Grüne
Picknick
Reise antreten
Kino, Fernsehen
Museumsbesuch
Sport treiben ◑
Freunde treffen

Was weniger günstig ist
Texte verfassen ◑
Zu Hause bleiben
Verstärkter Stresseinfluss

Der Mond im Steinbock

Der Mond im Steinbock	
Kraft: Aufsteigend	**Tagesqualität:** Kälte
Element: Erde	**Körper:** Knochen, Knie, Haut
Pflanzenteil: Wurzel	**Organsystem:** Blutkreislauf
Nahrung: Salz	**Geschlecht:** Weiblich

Mondpositionen

Neumond im Steinbock: Januar

Zunehmender Mond im Steinbock: Juli bis Januar

Vollmond im Steinbock: Juli

Abnehmender Mond im Steinbock: Januar bis Juli

Die Grundstimmung des Tages

Geradlinigkeit, Disziplin und die Achtung bestehender Werte bestimmen das Denken und Handeln an Steinbocktagen. Auch sonst eher ungeliebte Aufgaben kann man jetzt mit dem nötigen Pflichtbewusstsein erledigen. Hüten sollte man sich vor überzogener Kritik an anderen, die leicht in Nörgelei ausarten kann.

Die Witterungstendenz

Steinbocktage sind Kältetage. Auch bei sonnigem und warmem Wetter steigt nach Sonnenuntergang rasch Kühle aus dem Boden hervor. Wenn Vollmond herrscht, können Steinbocknächte besonders kalt und frostig werden.

Gesundheit

Die Haut, das Skelett und besonders die Knie verdienen an den Steinbocktagen unsere volle Aufmerksamkeit. Alles, was man jetzt für diese Körperregionen unternimmt, um zu heilen oder zu pflegen, wirkt besonders wohltuend; alles, was ihnen schadet, kann besonders ungünstig sein. Vermeiden sollte man nach Möglichkeit eine Überlastung der Fuß- und Kniegelenke durch langes Gehen und Stehen.

Was man tun kann
Hautpflege in jeder Form
Gymnastik, vor allem Dehnübungen
Heilende Bäder
Hühneraugen entfernen ◐

Was man lassen sollte
Ausgiebige Sonnenbäder
Chirurgische Eingriffe in den oben genannten Körperregionen
Impfungen ○

Gesunde Ernährung
An Steinbocktagen – wie auch an den anderen Wurzeltagen – stärken die Mondimpulse die Salzqualität. Kochsalz, das in den Speisen enthalten ist, wird jetzt vom Organismus besonders gut aufgenommen und verwertet. Kochsalz ist wichtig für den Stoffwechsel, vor allem auch für die Bluternährung. Wer jedoch salzarm essen muss – beispielsweise bei Bluthochdruck –, sollte an Steinbocktagen äußerst vorsichtig sein, da schon geringe Salzmengen eine unerwünschte Wirkung hervorrufen können.

Was man essen sollte
Salzhaltige Lebensmittel, grüne Gemüse sowie Wurzelgemüse sind die bevorzugten Zutaten für die Kost an den Tagen, wenn der Mond im Tierkreiszeichen Steinbock steht. Übrigens: An diesen Tagen soll es bei der Essenzubereitung meist recht schnell gehen, so dass man auf einfache Gerichte Wert legt.
Gemüse: Kartoffeln, Kohlrüben, Meerrettich, Pastinaken, Radieschen, Rettich, Sellerie, Steckrüben.
Fleisch und Fisch: Hackfleisch, Lachs.
Sonstiges: Erdnüsse, Fleischbrühe, Kapern, Weißwein.

Schönheits- und Körperpflege

Wenn es geht, sollten Sie wenigstens einen der Steinbocktage in jedem Monat als Pflege- und Kosmetiktag einplanen. Die Mondkräfte aktivieren an diesen Tagen die Haut, welche deshalb besonders sensibel reagiert und für jegliche Pflege – sei sie ernährend, reinigend oder entspannend – äußerst empfänglich ist. Allerdings sollte von einer Tiefenreinigung der Haut heute abgesehen werden.

Was man tun kann
Gesichtsmaske zur Straffung der Haut ◑
Nagelpflege
Eingewachsene Nägel korrigieren ◑
Körperhaare entfernen ◑
Salben herstellen
Kräuterkissen herstellen ◑
Salben abfüllen ◑

Was man lassen sollte
Tiefenreinigung der Haut

Haushalt

Steinbocktage sind Kältetage. Sie sind für Arbeiten in Haus und Wohnung nicht so gut geeignet. Besser wäre es, den Steinbockeinfluss für die Haut- und Körperpflege zu nutzen.

Was man tun kann
Zimmer- und Balkonpflanzen zwischendüngen ◑
Staub wischen ◑
Wurzelgemüse einmachen
Sauerkraut ansetzen

Was man lassen sollte
Chemische Reinigung
Bügeln
Schuhe kaufen
Ausgiebiges Lüften ◑

Bauen und heimwerken

Steinbocktage sind die Erdtage, welche für Bauarbeiten günstige Voraussetzungen bieten – vor allem dann, wenn der Mond gerade abnimmt.

Was man tun kann

Erdaushub für das Fundament ◑
Beton und Estrich gießen ◑
Putzmörtel aufbringen bzw. ausbessern ◑
Dachstuhl fertigen und aufrichten ◑
Ziegeldach eindecken ◑
Ziegeldach reinigen ◑
Holzdielen und -decken verlegen ◑
Malerarbeiten ◑
Wege-, Straßen- und Zaunbau ◑

Was man besser lassen sollte

Wasserableitung (Drainage)
Wassersuche und Wasserbau

Garten

Das Wurzelzeichen Steinbock ist ein kühles und bedingt fruchtbares Tierkreiszeichen. Steinbocktage sind daher für das Säen bzw. Setzen von Wurzelgemüse sowie das Pflanzen von Bäumen geeignet. Blumen und Zierpflanzen sollte man an diesen Tagen aber nicht säen oder setzen. Günstig ist es, die Bodenpflege an Steinbocktagen durchzuführen.

Was günstig ist

Wurzelgemüse säen, setzen ◑
Bäume pflanzen ◐
Lockern des Bodens ◑
Unkraut jäten ◑
Gartenwege anlegen, Zäune setzen (○, ◐)
Roden, Auslichten von Sträuchern und Hecken ◑
Komposthaufen ansetzen ◑

Unterirdische Schädlinge bekämpfen ◑
Zwischendüngung von Pflanzen mit schwacher Wurzelbildung ◑
Ernten, Einlagern und Konservieren von Wurzelgemüse

Was nicht so günstig ist
Umsetzen bzw. Umtopfen von Pflanzen
Schnitt der Obst- und Ziergehölze

Landwirtschaft und Tierhaltung
Was günstig ist
Kartoffeln setzen ◑
Kartoffeln häufeln ◐
Kartoffeln ernten, einlagern
Unkraut bekämpfen ◑
Huf-, Klauen- und Krallenpflege ◑
Stall neu beziehen

Was weniger günstig ist
Getreide anbauen ◑

Beruf und Karriere
Steinbocktage sind günstig, um Ehrgeiz und Profilierungswillen zum
Ausdruck zu bringen und somit Anerkennung zu gewinnen.

Was günstig ist
Neue Stelle antreten ●
Fortbildung/Seminar ◐
Neues Projekt planen
Geschäftsbeziehungen ausbauen
Verträge abschließen ◐
Behördengänge erledigen
Budgetplanung ◐
Geldangelegenheiten regeln ◐
Verkäufe ◑
Erbschaftsangelegenheiten regeln

Was weniger günstig ist
Werbung ☾

Liebe und Partnerschaft
An Steinbocktagen kommen nicht selten Partnerschaftsprobleme, die immer wieder verdrängt wurden, an die Oberfläche. Das ist eine gute Gelegenheit, die Liebe vom Ballast des Alltags zu befreien und neue Wege der Gemeinsamkeit einzuschlagen.

Was gut tut
Geborgenheit im Schoß der Familie
Nähe des Partners

Was nicht so schön ist
Melancholische Stimmung
Unterkühlte Gefühle
Sex als Pflichtübung

Freizeit und Erholung
Das Theatererlebnis ist an Steinbocktagen besonders gefragt. Manche wollen aber auch lieber ins Fitnessstudio, um dort ihre Kräfte zu messen. Oder sie verschaffen sich die nötige Übersicht durch den Besuch einer politischen Veranstaltung.

Was günstig ist
Theaterbesuch
Kegeln
Fitnesstraining
Privates Budget planen ☾
Spielkasino besuchen
Streitigkeiten schlichten

Was weniger günstig ist
Tanzen gehen
Kurzreise antreten ☾
Kunstgewerbliche Tätigkeiten

Der Mond im Wassermann

Der Mond im Wassermann	
Kraft: Aufsteigend	**Tagesqualität:** Licht
Element: Luft	**Körper:** Unterschenkel, Venen
Pflanzenteil: Blüte	**Organsystem:** Drüsen
Nahrung: Fett	**Geschlecht:** Männlich

Mondpositionen

Neumond im Wassermann: Februar
Zunehmender Mond im Wassermann: August bis Februar
Vollmond im Wassermann: August
Abnehmender Mond im Wassermann: Februar bis August

Die Grundstimmung des Tages

Die Kraft der Gemeinsamkeit wird einem an Wassermanntagen besonders bewusst. Man sucht Kontakte, neue Freunde und Weggefährten und engagiert sich im sozialen Bereich. Aber Vorsicht: Übersteigerter Idealismus kann allzu leicht enttäuscht werden – dann können Frustrationen die Folge sein.

Die Witterungstendenz

Wassermanntage sind Lichttage. Man empfindet an diesen Tagen die Helligkeit besonders deutlich. Bei klarem Wetter hat man – vor allen in den Bergen – meist eine sehr gute Fernsicht. Besonders im Frühjahr ist die Sonneneinstrahlung an den Wassermanntagen sehr intensiv.

Gesundheit

Unterschenkel, Knöchel und die Venen wollen an Wassermanntagen besonders beachtet werden. Alles, was man jetzt für diese Körperregion unternimmt, um zu heilen oder zu pflegen, wirkt besonders
wohltuend; alles, was ihr schadet, kann besonders ungünstig sein.

Bei Venenentzündungen oder Krampfadern ist man an Wassermanntagen besonders empfindlich. Da hilft es, öfter mal die Beine
hochzulegen und den ausführlichen Stadtbummel auf einen anderen Tag zu verschieben.

Was man tun kann
Entspannende Massagen ◖
Anregende Bäder
Warzen und Hühneraugen entfernen ◖

Was man besser lassen sollte
Zähneziehen
Chirurgische Eingriffe in der oben genannten Körperregion

Gesunde Ernährung

An Wassermanntagen – wie auch an allen anderen Blütentagen –
beeinflusst der Mond die Qualität von Fetten und Ölen in der Nahrung. Diese lebenswichtigen Nährstoffe werden jetzt besonders gut
aufgenommen und vom Organismus optimal verwertet. Es kann also
durchaus sein, dass man an diesen Tagen Appetit auf Fettiges hat
und dass solche Speisen auch gut bekommen. Wer aber fettarm essen
muss, um beispielsweise seinen Cholesterinspiegel normal zu halten,
sollte gerade jetzt auf fettreiche Kost verzichten.

Was man essen sollte
Fetthaltige Speisen bzw. solche, die mit Fett zubereitet werden, sind
an Wassermanntagen besonders bekömmlich. Außerdem hat man
Lust auf exotische, auch extravagante Genüsse.
Gemüse: Artischocken, Avocados, Brokkoli, Oliven.
Fleisch und Fisch: Aal, Ente, Lachs, Thunfisch.
Sonstiges: Kaffee, Kokosflocken und -milch, Mandeln, Olivenöl.

Schönheits- und Körperpflege

An Wassermanntagen sollte man vor allem den Beinen Aufmerksamkeit widmen – Massagen, Gymnastik und regelmäßiges Laufen halten sie nicht nur in Form, sondern verhindern auch lästige Venenbeschwerden oder sogar Krampfadern.

Was man tun kann
Vitalisierende Bäder
Eingewachsene Finger- und Fußnägel korrigieren ◖
Kräutersalben herstellen
Tiefenreinigung der Haut ◑
Haare waschen
Haare färben, tönen

Was man lassen sollte
Körperhaare entfernen ◖

Haushalt

Wassermanntage sind Lufttage. Sie sind bei abnehmendem Mond für viele Reinigungsarbeiten im Haus gut geeignet. Die Wohnung sowie Betten und Matratzen sollten ausgiebig gelüftet werden.

Was man tun kann
Ordnen, verstauen, aufräumen und einrichten
Reparaturen im Haushalt ◑
Fett auslassen (spritzt nicht)
Brot backen
Hausputz ◑
Reinigung von Holz- und Parkettfußböden ◑
Fenster putzen ◑
Metalle reinigen ◑
Wäsche bleichen ◖
Chemische Reinigung ◑
Imprägnieren von Textilien ◑
Schuhe putzen ◑
Ungeziefer bekämpfen ◑

Schimmel und Feuchtigkeit beseitigen ◐
Speisekammer reinigen ◐
Garderobe einlagern ◐
Streich- und Lackierarbeiten ◐

Was man lieber lassen sollte
Zimmer- und Balkonpflanzen gießen
Staub wischen ◑
Marmeladen und Gelees einkochen ◐

Bauen und heimwerken

Als Luftzeichen ist der Wassermann relativ neutral, jedenfalls in
Bezug auf die Tätigkeiten in diesem Bereich.

Was man tun kann
Einen Bau beginnen
Baugrube ausheben ◐
Hausfassade tünchen ◐
Strohdach eindecken ◐
Malerarbeiten ◐
Kleinere Reparaturen durchführen

Was man besser lassen sollte
Wassersuche und Wasserbau

Garten

Das Blütenzeichen Wassermann ist ein trockenes, ziemlich unfrucht-
bares Zeichen, bei dem man nicht allzu viel säen oder pflanzen kann.
Geeignet ist es für die Bodenbearbeitung und die Bekämpfung von
Schädlingen sowie für das Ernten und Einlagern.

Was günstig ist
Blumen und Heilpflanzen säen, setzen ◑
Unkraut jäten ◑
Schädlingsbekämpfung ◐
Obst und Gemüse ernten, einlagern

Was weniger günstig ist

Lockern des Bodens ◐

Zwischendüngung für Blütenpflanzen ◐

Umpflanzen und Umtopfen

Pflanzen pikieren, da die Pflänzchen an Wassermanntagen nicht anwurzeln

Pflanzen gießen, wässern

Landwirtschaft und Tierhaltung

Was günstig ist

Heustock ansetzen ◐

Kartoffeln häufeln ◐

Trauben ernten

Stall neu beziehen

Lagerstreu einbringen

Stall reinigen ◐

Milch verarbeiten

Was nicht so günstig ist

Wässern, Gießen der Pflanzen

Beruf und Karriere

Wassermanntage sind günstig für die Bilanzierung sowie auch für die Optimierung von Arbeitsabläufen und Finanzstrategien. Das gelingt auch im »stillen Kämmerlein«, doch sollte man auf den Rat von Mitarbeitern und Kollegen nicht verzichten.

Was günstig ist

Kreative Tätigkeiten

Lernen

Neues Projekt planen

Arbeiten mit viel Fingerspitzengefühl ◐

Werbung

Geschäftsreise antreten

Neue Kontakte knüpfen

Verhandlungen führen

Verträge abschließen ◑
Testament aufsetzen ◑

Liebe und Partnerschaft

An Wassermanntagen schmiedet man gerne Zukunftspläne und bemerkt dabei manchmal, dass in der Partnerschaft vielleicht doch das eine oder andere zu bröckeln beginnt. Nutzen Sie die Gelegenheit, und stellen Sie wieder Tiefe und Festigkeit her!

Was gut tut
Zukunftspläne schmieden
Wenn aus Freundschaft Liebe wird
Phantasievoller Sex

Was nicht so schön ist:
Zweifel

Freizeit und Erholung

Wer es versteht, auf mehreren Hochzeiten zu tanzen, hat an Wassermanntagen meist ein reges Betätigungsfeld. Bei guter Zeitplanung – die jetzt auch gelingt – kann das ein erlebnisreicher Tag werden, an dem man viele neue Eindrücke gewinnt.

Was günstig ist
Reise antreten
Tanzen gehen
Oper- oder Konzertbesuch
Beschäftigung mit moderner Kunst
Kino, Fernsehen
Kreatives Hobby pflegen
Skateboard- und Eislaufen
Auto kaufen ◑
Autoreparatur ◐
Termine planen

Der Mond
in den Fischen

Der Mond in den Fischen	
Kraft: Aufsteigend	**Tagesqualität:** Feuchtigkeit
Element: Wasser	**Körper:** Füße, Zehen
Pflanzenteil: Blatt	**Organsystem:** Nerven
Nahrung: Kohlenhydrate	**Geschlecht:** Weiblich

Mondpositionen

Neumond in den Fischen: März
Zunehmender Mond in den Fischen: September bis März
Vollmond in den Fischen: September
Abnehmender Mond in den Fischen: März bis September

Die Grundstimmung des Tages

Phantasie und Hilfsbereitschaft sind die prägenden Elemente der Fischetage, an denen die Gefühle dominieren. Man neigt auch zu träumerischer Selbstvergessenheit und ist offen für spirituelle und übersinnliche Einflüsse. Dann kann es geschehen, dass man sich zu sehr von der Realität entfernt und das Erwachen manchmal schmerzlich ist.

Die Witterungstendenz

Fischetage sind Wassertage. An diesen Tagen ist die Niederschlagsneigung etwas stärker als sonst. Deutlicher ausgeprägt ist die Nebelneigung im Frühjahr und Herbst, begünstigt durch die relativ hohe Luftfeuchtigkeit, die an diesen Tagen herrscht.

Gesundheit

An Fischetagen sollten die Füße unsere besondere Aufmerksamkeit haben. Alles, was man jetzt für diese Körperregion tut, um zu heilen oder zu pflegen, wirkt besonders wohltuend; alles, was ihr schadet, kann besonders ungünstig sein.

An Fischetagen wirken alle Genussmittel – Alkohol, Nikotin, Kaffee – besonders stark; die Suchtgefährdung ist erhöht.

Was man tun kann
Fußreflexzonenmassage
Damit beginnen, schlechte Gewohnheiten aufzugeben ●
Entspannende, pflegende und heilende Fußbäder

Was man lassen sollte
Chirurgischer Eingriff in der oben genannten Körperregion

Gesunde Ernährung

An Fischetagen – wie auch an allen anderen Blatttagen – beeinflusst die Mondkraft die Qualität der Kohlenhydrate. Diese werden jetzt vom Organismus sehr gut aufgenommen und verwertet. Kohlenhydrate erhöhen die körperliche Leistungskraft und gelten allgemein als »Nervennahrung«. Wer jedoch unter Stoffwechselproblemen leidet oder übergewichtig ist, sollte jetzt Zurückhaltung üben.

Was man essen sollte
Kohlenhydratreiche und wasserhaltige Lebensmittel sowie alle Blattgemüse werden an Fischetagen bevorzugt. Dazu kommen Pilze und Meerestiere sowie Süßigkeiten (wenn man sie sich erlauben kann).
Obst und Gemüse: Algen, Austernpilze, Bananen, Champignons, Eisbergsalat, Feldsalat, Kohl, Mangold, Morcheln.
Fleisch und Fisch: Heringe, Rind.
Gewürze: Beifuß.
Sonstiges: Gemüsesäfte, Hefe, Hirse, Honig, Reis, grüner Tee.

Schönheits- und Körperpflege

Die Füße – die am meisten belasteten und oft am wenigsten beachteten Glieder – sollten wenigstens heute zu ihrem Recht kommen. Gehen Sie barfuß, gönnen Sie den Füßen ein wohltuendes Bad oder eine belebende Massage.

Was man tun kann
Beruhigende Bäder
Entspannungsübungen ☽
Salben herstellen
Tiefenreinigung der Haut ☽

Was man lassen sollte
Nagelpflege (Füße)
Nagelbettkorrektur (Füße)
Peeling

Haushalt

Fischetage sind Wassertage. Sie sind bei abnehmendem Mond geradezu ideal für die große Wäsche sowie für andere Reinigungsarbeiten im Haus. Ungeeignet sind sie dagegen für alle Tätigkeiten, die mit dem Aufbewahren und Konservieren von Lebensmitteln zu tun haben.

Was man tun kann
Zimmerpflanzen gießen
Wäsche waschen ☽
Porzellan reinigen ☽
Metalle polieren ☽
Chemische Reinigung ☽
Flecken entfernen ☽
Fensterrahmen reinigen ☽

Was man besser lassen sollte
Einlagern, abfüllen
Obst und Gemüse einkochen

Einfrieren von Lebensmitteln
Backen
Butter bereiten
Kräuter und Früchte trocknen
Streich- und Lackierarbeiten
Fenster putzen ☽
Wischen von Holzböden
Schimmel und Feuchtigkeit beseitigen
Schuhe putzen ☽
Ausgiebiges Lüften ☽
Garderobe einlagern ☽

Bauen und heimwerken

Fischetage sind Wassertage mit ausgeprägt feuchtem Charakter. Deshalb sind sie nur für spezielle Tätigkeiten günstig.

Was man tun kann

Wasserableitung (Drainage) ☽
Installation einer Wasser- oder Heizanlage
Wassersuche und Wasserbau ☽

Was man eher lassen sollte

Erdaushub für das Fundament ☽
Hausfassade anstreichen
Ziegeldächer eindecken, ausbessern ☽
Fenster verglasen und einsetzen

Garten

Das Blattzeichen Fische ist ein feuchtes und sehr fruchtbares Tierkreiszeichen, das vor allem für das Säen und Pflanzen von Blattgemüse geeignet ist. Günstig sind Fischetage auch zum Gießen und Düngen, aber sehr ungünstig fürs Einlagern von frisch Geerntetem.

Was günstig ist

Komposthaufen ansetzen ☾
Kompost ausbringen ☾

Blattgemüse säen, pflanzen ◑

Kopfsalat pflanzen ◑

Pflanzen gießen, wässern

Pflanzen düngen ◑

Rasen mähen, wenn er schnell nachwachsen soll ◑

Pikieren von Blatt-Jungpflanzen ◑

Gartenteich anlegen, ausbessern ◑

Was nicht so günstig ist

Tomaten pflanzen ◑

Stecklinge schneiden

Obstbaumschnitt

Obst- und Ziergehölze veredeln ◑

Konservieren, Einkellern, Lagern

Umsetzen und Umtopfen von Pflanzen

Landwirtschaft und Tierhaltung

Was günstig ist

Pflanzen gießen, wässern

Trauben zum sofortigen Verbrauch ernten

Stall neu beziehen

Was nicht so günstig ist

Getreide anbauen ◑

Getreide ernten, einlagern ◑

Kartoffeln ernten, einlagern

Stallreinigung

Milch verarbeiten

Beruf und Karriere

Fischetage sind günstig für die Erkundung der Gefühlslage von Mitarbeitern und Geschäftspartnern. Wer sich darauf richtig einstellen kann, wird seine Ziele leichter erreichen und seine Produkte besser verkaufen.

Was günstig ist

Kreative Tätigkeiten

Was weniger günstig ist
Geschäftsbriefe schreiben ◑
Lernen ◑
Neues Projekt planen ◑
Neue Kontakte knüpfen
Geldangelegenheiten regeln ◑
Verkäufe

Liebe und Partnerschaft

An Fischetagen bestimmen starke, sehr zärtliche Gefühle und eine harmonische Grundstimmung die Atmosphäre der Partnerschaft.

Was gut tut
Seelische Harmonie
Zärtlichkeit
Verwöhnen und verwöhnt werden
Gefühlvolle Erotik

Freizeit und Erholung

Träumen, meditieren, die Beschäftigung mit spirituellen Dingen – das gehört dazu, wenn der Mond in den Fischen weilt. Auch die Kunst inspiriert uns an diesen Tagen zu tiefen Gefühlen und innerer Einkehr.

Was günstig ist
Ausflug ans Meer
Musizieren
Filme anschauen
Essen zu zweit ◑
Schwimmen, tauchen ◑
Meditation
Träumen

Was weniger günstig ist
Schreiben ◑
Größere körperliche Anstrengungen

Extra: Das Mondhoroskop

- Was das Mondhoroskop verrät
- Die zwölf Geburtsmonde
- *Special: Die Bedeutung der Mondphasen bei der Geburt*

Du bist mein Mond ...

Du bist mein Mond, und ich bin deine Erde;
Du sagst, du drehest dich um mich.
Ich weiß es nicht, ich weiß nur, dass ich werde
In meinen Nächten hell durch dich.

Du bist mein Mond, und ich bin deine Erde;
Nur mein Erdschatten hindert dich,
Die Liebesfackel stets am Sonnenherde
zu zünden in der Nacht für mich.

Friedrich Rückert (1788–1866)

Was das Mondhoroskop verrät

Im Geburtshoroskop eines Menschen, das viel Interessantes über dessen künftiges Leben vermittelt, gibt es mehrere Gesichtspunkte, durch deren Betrachtung der Astrologe seine Aussagen gewinnt.

Da ist zuerst das Sonnenzeichen, also das Tierkreiszeichen, in dem sich die Sonne zum Zeitpunkt der Geburt aufhält. Es beschreibt die Gesamtpersönlichkeit, so wie sie der Betreffende selbst sieht.

Dann ist der Aszendent von Bedeutung: Das ist das Zeichen des Tierkreises, das im Augenblick der Geburt gerade am östlichen Horizont aufgeht. Er vermittelt das Bild, das andere von diesem Menschen haben.

Schließlich muss noch die Konstellation der Planeten zu diesem Zeitpunkt berücksichtigt werden. Sie gibt Auskunft über Wünsche, Ziele und innere Beweggründe.

Bedeutung und Bestimmung des Geburtsmondes

Der Geburtsmond – das Tierkreiszeichen, in dem der Mond zur Geburtstunde eines Menschen steht – beschreibt den inneren Kern der Persönlichkeit, zeigt, wie und mit welcher Kraft dieser Mensch fühlt, seine Empfindungen äußert und wie er aus diesem inneren Antrieb heraus handelt. Die Mondstellung lässt überdies erkennen, wie der Betreffende auf andere Menschen reagiert und wie er sich verhält, wenn die Leidenschaft in ihm entflammt ist.

Im Folgenden werden kurz und eher allgemein gehalten die verschiedenen »Mondtypen« beschrieben. Dabei wird auf grundlegende Charakterzüge, die Einstellung zu anderen Menschen, das Verhältnis in der Partnerschaft sowie auf zu erwartende Fähigkeiten und Talente eingegangen. Alle dabei genannten Eigenschaften sind keine »schicksalhaften« Etikettierungen, sondern Möglichkeiten, aus denen jeder das Beste machen kann und sollte. Erst so bekommen derartige Einschätzungen einen Sinn.

Wie man seinen Geburtsmond findet

Musste man früher noch umfangreiche und komplizierte Berechnungen anstellen, um zu erfahren, in welchem Tierkreiszeichen sich der Mond an einem bestimmten Tag befand, so ist es heute viel einfacher, seinen Geburtsmond zu finden. Mit dem Suchbegriff »Geburtsmond berechnen« findet man im Internet zahlreiche Anbieter, die dies Berechnung schnell und kostenlos vornehmen. Dabei wird auch meist die gerade herrschende Mondphase angezeigt.

Allerdings sind die damit erreichten Ergebnisse manchmal nicht ganz genau, weil sie in der Regel die Geburtsstunde nicht berücksichtigen. Wenn der Mond an diesem Tag in ein anderes Zeichen wechselt, kann es eine Abweichung um ein Zeichen geben.

Wer es ganz genau wissen will, muss in einer Ephemeriden-Tabelle nachschauen, die man ebenfalls im Internet finden kann, z. B. unter www.astro.com/swisseph/.

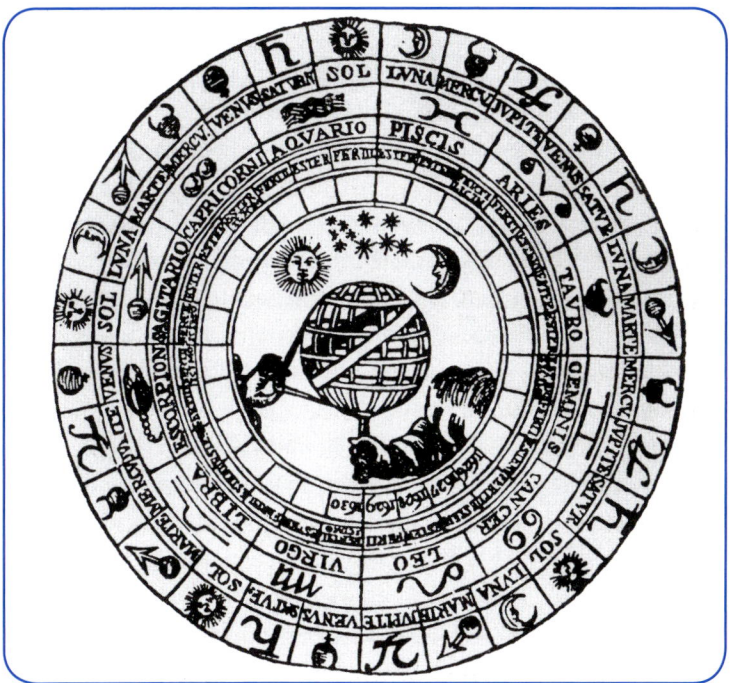

So wie das klassische Sonnenhoroskop vermittelt auch das Mondhoroskop wichtige Erkenntnisse über den Charakter eines Menschen.

Die zwölf Geburtsmonde

Wenn Sie Ihren Geburtsmond kennen, können Sie in der nun folgenden Zusammenstellung Ihre Konstellation aufsuchen und eine kurze Charakteristik dessen lesen, was Ihnen der Mond gewissermaßen in die Wiege gelegt hat. Bedenken Sie dabei, dass es sich um Tendenzen, um Möglichkeiten handelt, die durch Ihr bewusstes Denken und Handeln ausgeformt wurden und werden. Vielleicht kommt Ihnen das eine oder andere aber bekannt vor ….

Wenn der Geburtsmond im Widder stand

Starke Energien, impulsives Handeln und Spontaneität sind die grundlegenden Charakterzüge der Menschen, deren Geburtsmond im Widder stand.

Oft haben sie den Anspruch, anderen voranzugehen, sie zu führen, ihre eigenen Ideen und Meinungen durchzusetzen – manchmal auch ohne besondere Rücksichtnahme gegenüber den Mitmenschen.

Widdermond-Geborene sind immer auf der Suche nach neuen Erfahrungen. Sie brauchen das Gefühl, genügend Spielraum und Bewegungsfreiheit zu haben, um ihre Spontaneität und Dynamik sowie ihren Idealismus uneingeschränkt ausleben zu können. Selbst im alltäglichen Leben muss ihre lebhafte Phantasie ihren Ausdruck finden können. Die alltägliche Routine mögen sie ganz und gar nicht. So positiv die Spontaneität des Widdermond-Geborenen ist, so negativ kann seine schnelle Erregbarkeit sein, die oft dazu neigt, Konflikte auf aggresive Weise anzugehen, ohne Kompromisse zuzulassen.

Der unter dem Widdermond Geborene strebt nach Anerkennung, will gefallen, will geliebt werden. Meist gelingt das, doch wenn er mit seiner Umwelt nicht klarkommt, wird er leicht gereizt und neigt zu emotionalen Ausbrüchen, die auch in eine Krise münden können. Dann stellt er seine Fähigkeiten infrage, fürchtet sich vor den eigenen Ideen, wird unkonzentriert und lustlos. Depressionen können sich entwickeln, wenn die persönliche Freiheit der Widdermond-Geborenen eingeschränkt wird oder wenn sie ihre Vorstellungen nicht verwirklichen können. Um ein glückliches Leben in der Gemeinschaft zu führen, sollten sie lernen, auf andere Menschen einzugehen, Geduld und Rücksichtnahme zu üben, Kompromisse zu finden. Gleichzeitig sollten sie daran arbeiten, ihre Emotionen besser unter Kontrolle halten zu können.

In der Partnerschaft wird der Widdermond-Geborene stets bestrebt sein, seinen persönlichen Freiraum, eine (relative) Selbstständigkeit und Unabhängigkeit zu bewahren. Unter diesen Voraussetzungen geht er durchaus eine dauerhafte Beziehung ein, die er mit Elan und Leidenschaft gestaltet. Kritisch kann es allerdings werden, wenn die Beziehung zur Routine wird, wenn die Herausforderungen durch den Partner fehlen. Dann kann das Interesse des Widdermond-Geborenen schnell abkühlen, und er sucht neue Herausforderungen.

Wenn der Geburtsmond im Stier stand

Große Herzlichkeit, Zufriedenheit und oft zärtliche Sinnlichkeit sind die bestimmenden Charaktereigenschaften der Menschen, deren Geburtsmond im Stier stand.

Sie sind Genießer, die sich im Kreis der Familie oder in einer Gruppe Gleichgesinnter geborgen und glücklich fühlen. Sie haben eine geradezu unstillbare Sehnsuch nach menschlicher Nähe, liebevoller Zuwendung und körperlichem Kontakt. Sie tun alles, um diese Nähe zu fördern und zu erhalten.

Spontaneität zählt nicht zu ihren auffälligen Eigenschaften. Eher bedächtig, manchmal auch langsam kommen sie in Gang, entwickeln dann aber eine erstaunliche Kraft, um das zu erreichen, was sie sich vorgenommen haben. Dabei ist ihr Sinnen und Trachten nicht selten auf die Gewinnung und Bewahrung materieller Güter gerichtet, weil von ihnen Sicherheit und Stabilität erhofft wird. Es kann geschehen, dass dadurch eine gewisse Abhängigkeit entsteht, woraus sich Tendenzen zu Habgier und Geiz entwickeln können.

Das Bewahren- und Festhaltenwollen, das für Menschen, die unter dem Stiermond geboren wurden, so bezeichnend ist, macht einerseits ihre Stärke aus, die sie zu stabilen, verlässlichen und treuen Freunden und Partnern werden lässt. Andererseits kann ihre Unbeweglichkeit, das manchmal beinahe starrsinnige Festhalten an Gewohntem auch zu einer Belastung für ihre Mitmenschen werden. Fühlen sie sich dann von den anderen unverstanden, flüchten sie sich gern in negative Selbstwertgefühle und ziehen sich oft gekränkt zurück.

Um ihre liebenswerten Eigenschaften hervorzuheben und in Harmonie mit ihrer Umwelt zu leben, sollten Stiermond-Geborene lernen, auch einmal loszulassen. Wenn es ihnen gelingt, scheinbar feststehende Gewohnheiten, Besitzstände und Beziehungen auch einmal prüfend zu hinterfragen, dann wird es ihnen leichter fallen, den Blick auf neue Möglichkeiten, Bedürfnisse und Fähigkeiten zu richten, die sowohl dem Selbstwertgefühl gut tun als auch die Beziehungen zu anderen Menschen bereichern.

In der Partnerschaft ist der Stiermond-Geborene voller Hingebung, anschmiegsam und zärtlich. Großen Wert legt er auf eine sinnliche, sexuell befriedigende Beziehung, wobei der eigene Genuss an erster Stelle steht. Der Wunsch, zu besitzen und zu erhalten, stabilisiert die partnerschaftliche Beziehung; er kann aber auch in die Krise führen: Wenn der Besitzanspruch gegenüber dem Partner so groß wird, dass diesem förmlich die »Luft zum Atmen« genommen wird, kann das mit Zurückweisung beantwortet werden. Dann kann der Stiermond-Geborene die Beziehung durch Klammern einerseits, aber auch durch Verlustängste und Eifersucht andererseits durchaus gefährden.

Wenn der Geburtsmond in den Zwillingen stand

Viel Humor, eine heitere Unbekümmertheit und zuweilen auch eine gewisse Unverbindlichkeit gehören zu den typischen Charaktereigenschaften der Menschen, die unter dem Zwillingemond das Licht der Welt erblickten.

Ihre ausgeprägte Fähigkeit, sich elegant zwischen Gefühl und Verstand zu bewegen, macht sie als Gesprächspartner und Kollegen angenehm und wertvoll. Hervorzuheben ist auch ihre Einfühlsamkeit, die anderen Empathie und Verständnis signalisiert. Im geselligen

Austausch können Zwillingemond-Geborene ihrem lebhaften Mitteilungsbedürfnis am besten nachgehen.

Einfühlsamkeit bedeutet jedoch nicht unbedingt Gefühlstiefe. Da ist es beim Zwillingemond-Geborenen eher so, dass er nur das als Gefühl zulässt, was er mit dem Verstand erkennen, analysieren und verstehen kann. Entsteht einmal ein Widerspruch zwischen dem, was er denkt, und dem, was er fühlt, wird er unsicher; und das führt dazu, dass er schließlich doch dem Verstand folgen wird.

Wissensdurst und Kommunikationsbedürfnis sind beim Zwillinge-mond-Geborenen auf geradezu ideale Weise verbunden. Wo immer Abwechslung angesagt ist, Bewegung, Geselligkeit und Aktion – er wird dabei sein. Hat er keine Möglichkeit, zu reisen, Beziehungen zu knüpfen, Geschichten zu erzählen, Neues zu erforschen und davon zu berichten, verkümmert seine Lebensenergie. Um diesen Zustand zu verbergen, rettet er sich oft in intellektuelle Überheblichkeit, wird manchmal sogar zynisch und verletzend. Auch deshalb ist es für jemanden, der unter dem Zwillingemond geboren wurde, besonders wichtig, nicht nur zwischen Verstand und Gefühl hin und her zu pendeln, sondern beide Bereiche als Einheit zu betrachten und sich dazu zu bekennen. Dieses Zu-sich-selbst-Finden wird erleichtert, wenn es ihm hin und wieder gelingt, bewusst Pausen der Ruhe und der Besinnung einzulegen sowie Verbindlichkeiten einzugehen und auch einzuhalten.

In der Partnerschaft zieht es die nach Unabhängigkeit und Selbstständigkeit strebenden Zwillingemond-Geborenen an die Seite sanfter und gefühlvoller Menschen, die es verstehen, das Emotionale in ihnen zu wecken. Obwohl sie in einer solchen Beziehung eher einen distanzierten Eindruck erwecken, bereichern sie die Partnerschaft doch immer wieder mit ihrem scharfen Verstand und ihrer Fähigkeit, den anderen zu überzeugen und zu gewinnen. Geraten sie dagegen an einen Partner, der allzu besitzergreifend oder übermäßig fürsorglich ist, wird die Situation in den allermeisten Fällen kritisch. Dann fühlen sie sich in die Enge getrieben und suchen nicht selten das Weite.

Wenn der Geburtsmond im Krebs stand

Sehr fürsorglich, voller Sanftmut und mit großer Gefühlstiefe begegnen uns in der Regel die Menschen, bei deren Geburt der Mond im Krebs stand. In ihrer Sicht der Welt wie in ihren Beziehungen zu anderen Menschen lassen sich die unter dem Krebsmond Geborenen zu allererst von ihren Emotionen lenken. Sie haben geradezu eine »Antenne« für die Probleme und Bedürfnisse anderer, und sie sind jederzeit bereit, ihre ganze Fürsorge in die Waagschale zu legen, um ihren Mitmenschen Hilfe, Schutz und Sicherheit zu geben.

Ein solches Verhalten mag selbstlos erscheinen, ist es aber nicht immer und nicht unbedingt. Krebsmond-Geborene verstehen es auf diese Weise, andere Menschen für sich zu gewinnen, zuweilen auch, um von ihnen Besitz zu ergreifen, sie von sich abhängig zu machen.

Nicht selten verfügen Krebsmond-Geborene über eine ausgeprägte Begabung für kreative Tätigkeiten, vor allem im künstlerischen Bereich. Ihre lebhafte Phantasie befähigt sie dazu, ungewöhnlichen Ideen Gestalt zu verleihen. Allerdings sind ihre Ansichten oft sehr eigenwillig und in ihrer Ausdrucksweise eher unbeständig, so dass bisweilen der Eindruck der Launenhaftigkeit entsteht.

Weil der Krebsmond-Geborene seine Lebensziele stets in Verbindung zu anderen Menschen sucht, gerät er in Konflikte, wenn seine Liebe und Fürsorge abgewehrt oder sogar abgelehnt wird. Dann gewinnen Verlassensängste und Selbstzweifel an Bedeutung, die nicht selten dazu führen, dass sich der auf diese Weise Verschmähte in eine Scheinwelt flüchtet, in der er sich als verlassenes Kind erlebt. Zweifellos besitzt der Krebsmond-Geborene die Fähigkeit, anderen Menschen von einer sebstbewussteren Position aus zu begegnen und seine Gefühle so auszudrücken, dass sie von anderen ohne den Eindruck, verpflichtet zu sein, erkannt und angenommen werden. Deshalb sollte er es lernen, mehr auf sich selbst zu vertrauen und Anerkennung und Wertschätzung nicht nur von anderen zu erwarten.

Das gilt auch für eine Partnerschaft, in die Krebsmond-Geborene immer ihr ganzes Potenzial an Gefühlen, ihre Hingabe und meist auch viel Geduld einbringen. Sie geben unendlich viel, und sie erwarten ebenso viel. Bleibt die Zuwendung des Partners allerdings hinter ihren Erwartungen zurück, geraten sie leicht in Verzweiflung und stellen die gesamte Beziehung infrage. Die eigene Enttäuschung ist dann so tief, dass oft der Wille und die Kraft fehlen, mit Geduld und Verstand die Beziehung wieder zu harmonisieren.

Wenn der Geburtsmond im Löwen stand

Lebensfreude und kaum versiegender Optimismus sind die bestimmenden Charaktereigenschaften der Menschen, die unter dem Löwemond geboren wurden.

Ihr offenes Wesen, ihre herzliche Art und die Großzügigkeit machen die Löwemond-Geborene in der Gemeinschaft so beliebt und gewinnend. Mit ihrer offenen Fröhlichkeit und ihrem klugen Humor prägen sie die Atmosphäre und werden leicht zum Mittelpunkt einer Gruppe. Diese Rolle scheint den Löwemond-Geborenen auch angemessen, und sie sind bereit, darum zu kämpfen. So lassen sie nichts unversucht, um ihre Bedeutung herauszustreichen, ihre Unentbehrlichkeit unter Beweis zu stellen. Man könnte annehmen, dass sich dahinter manchmal ein übertriebenes Selbstwertgefühl verbirgt, das zur Verwirklichung drängt. Bleiben ihnen dann aber Aufmerksamkeit, Anerkennung, ja Bewunderung, versagt, leiden sie sehr darunter. Das Empfinden, nicht geliebt zu werden, ist für sie nahezu unerträglich, und sie werden alles daran setzen, wieder die ihnen angemessen erscheinende Rolle spielen zu können.

Haben sie ihren Platz gefunden, sind Löwemond-Geborene von großer Beständigkeit. Abwechslung und ständige Veränderung bedeuten ihnen nicht viel, lieber halten sie an Gewohntem fest und genießen in Ruhe, was ihnen das Leben zu bieten hat. Aus der Ruhe kann sie Kritik bringen, auf die sie empfindlich und manchmal auch aggressiv reagieren, selbst wenn sie konstruktiv ist. Selbstkritik fällt ihnen meist schwer; fühlen sie sich unverstanden, sehen sie die Schuld vorzugsweise bei anderen und ziehen sich schmollend zurück.

Um ihre so wertvollen, aber auch widersprüchlichen Charaktereigenschaften positiv umsetzen zu können, sollten Löwemond-Geborene lernen, sich selbst nicht zu wichtig zu nehmen und immer wieder versuchen, sich in die Gefühlswelt anderer Menschen hineinzuversetzen. Auch der bewusste Umgang mit Gefühlen wie Einsamkeit, Verlustängsten und Trauer kann helfen, die eigene Mitte zu finden und Bestätigung nicht nur bei anderen zu suchen.

Auch in der Partnerschaft suchen Löwemond-Geborene das Besondere, in das sie bereitwillig Vertrauen, Freude, Großzügigkeit und Sinnlichkeit einbringen. Auch Beständigkeit ist ein Wert, auf den sie setzen und für den sie sich engagieren. Tritt allerdings ihr Bestreben nach Dominanz in der Beziehung allzu sehr in den Vordergrund, kann der Partner leicht überfordert werden, vor allem dann, wenn der Löwemond-Geborene seine Neigung zur Eifersucht nicht unterdrücken kann. Dann kann es geschehen, dass der Partner in seinen Gefühlen so tief verletzt wird, dass die Beziehung ernsthaft gefährdet ist.

Wenn der Geburtsmond in der Jungfrau stand

Vernunftbetont, mit beherrschten Gefühlen, aber voller Verständnis und Fürsorge – so begegnen uns Menschen, die unter dem Einfluss des Jungfraumondes geboren sind.

Mit ihrer ruhigen, zurückhaltenden Wesensart bringen sie anderen Menschen viel Verständnis entgegen, sind fürsorglich und hilfsbereit. Dabei bleiben sie realistisch, immer an den Tatsachen orientiert. Große Gefühle, zu denen sie durchaus fähig sind, wollen sie möglichst kontrollieren, um stets die Übersicht zu behalten und die Dinge einschätzen und ordnen zu können. Nützlich zu sein ist ihnen ein grundlegendes Bedürfnis. Dabei konzentrieren sie sich auf das Praktische, das Machbare, das Überschaubare. Finden sie unter diesen Bedingungen eine Aufgabe, sind sie unermüdlich und lassen nicht locker, bis alles in Ordnung gebracht ist. Ihr Pflichtgefühl wird nur noch von ihrer Zuverlässigkeit übertroffen. Nicht so erfolgreich sind sie, wenn es darum geht, sichere Positionen zu verlassen und mutig Neues zu wagen. In solchen Situationen hindert sie ihr Hang zum Perfektionismus und der Mangel an Spontaneität daran, sich auf ein Risiko einzulassen.

So sehr man ihre Fähigkeit schätzt, den Dingen auf den Grund zu gehen und die jeweilige Lage sachlich einzuschätzen, so wenig wird man von der zuweilen auftretenden Neigung zur Kleinlichkeit, zur Nörgelei und zum Pessimismus begeistert sein. Um sich mit ihren Stärken in ein sinnerfülltes Leben einzubringen, sollten Jungfraumond-Geborene versuchen, immer mal wieder aus der Enge ihres geordneten Daseins auszubrechen und dem Unerwarteten, der Veränderung Raum zu geben. Wenn sie es zulassen, den »wind of change« zu spüren, können sie neue Ufer erreichen und werden spüren, dass das Glück etwas ist, das man nur findet, wenn man auch danach sucht.

Auch in der Partnerschaft suchen Menschen, die unter dem Jungfraumond geboren wurden, das Verlässliche, das Beständige. Dafür geben sie auch viel: Verständnis, uneingeschränkte Hilfsbereitschaft und treue Zuwendung. In der Beziehung sind sie dennoch zurückhaltend: Die – oft unbewusste – Angst, verletzt oder emotional überfordert zu werden, lässt vertrauensvolle Bindungen nur langsam reifen. Leidenschaftliche Gefühle sind eher selten, erst wenn sie sich der Dauerhaftigkeit der Beziehung sicher sind, offenbaren Jungfraumond-Geborene auch ihre sinnlichen Seiten.

Wenn der Geburtsmond in der Waage stand

Das Sehnen nach nach Ausgleich, nach Frieden und Harmonie in der Gemeinschaft mit anderen prägt die grundlegenden Charaktereigenschaften der Menschen, deren Geburtsmond in der Waage stand.

Immer auf Ausgleich bedacht, bringen sich Waagemond-Geborene mit Charme und Fröhlichkeit in ihre Umgebung ein, stets darum bemüht, das Zusammengehörigkeitsgefühl zu stärken und Gegensätze zwischen den Mitmenschen abzubauen. Gelingt das, dann sind sie zufrieden, stoßen sie aber auf Widerstand dabei, kann es geschehen, dass sie empfindlich oder sogar aggressiv reagieren und das Wir-Gefühl geradezu herbeizwingen wollen.

Hervorzuheben ist die Fähigkeit der Waagemond-Geborenen, die Dinge von verschiedenen Seiten zu betrachten, das Für und Wider sorgfältig abzuwägen und dann nach perfekten Lösungen zu suchen. Da dies nicht immer auf Anhieb gelingen kann, wird ihnen zuweilen eine gewisse Unentschlossenheit nachgesagt, was aber meist nicht den Kern ihres Wesens trifft. Es handelt sich eher um den Wunsch, immer den goldenen Mittelweg zu finden und nicht anzuecken. Wichtig ist es für Waagemond-Geborene, dass sie das Gefühl vermittelt bekommen, geschätzt und anerkannt, ja bewundert zu werden. Dann scheuen sie keine Mühe, die ihnen entgegengebrachte Wertschätzung auch zu rechtfertigen.

In ihrem Bestreben nach Ausgleich und Harmonie stellen Waagemond-Geborene oft ihre eigenen Wünsche und Gefühle zurück, weichen notwendigen Konflikten aus und wollen die Realität manchmal nicht wahrhaben. Was und wie andere denken und fühlen, ist ihnen wichtiger, als ihre eigene Befindlichkeit auszuleben. Um sich immer wiederkehrende Enttäuschungen zu ersparen, sollten sie sich zwischenmenschlichen Konflikten stellen, um der ungeschönten Wirklichkeit zu begegnen und ihren eigenen Standpunkt zu finden und gelegentlich auch gegen die Interessen anderer durchzusetzen.

In einer Partnerschaft suchen Waagemond-Geborene die große Liebe, die auf Harmonie und Übereinstimmung in den Lebensansichten begründet sein sollte. Wann immer Unstimmigkeiten drohen, versuchen sie zu glätten, zu bagatellisieren, manchmal auch zu vertuschen. Da Waagemond-Geborene – oft unbewusst – fühlen, dass die Wirklichkeit nicht so ist, wie sie sein könnte, soll eine Partnerschaft für sie auch ein sicherer Hort der Harmonie sein, der sie vor der rauen Realität zu schützen vermag. So sehr sie deshalb die Nähe des Partners suchen, so wichtig ist ihnen aber auch ein gewisser Freiraum, in den sie sich mit ihren innersten Gefühlen zurückziehen können.

Wenn der Geburtsmond im Skorpion stand

Sehr tiefe, sehr intensive und sehr leidenschaftliche Gefühle kennzeichnen den Charakter eines Menschen, der unter dem Skorpionmond zur Welt kam.

Weil sie selbst von Gefühlen beherrscht sind, haben Skorpionmond-Geborene die Gabe, hinter die äußere Fassade ihrer Mitmenschen zu blicken und bis auf den Grund ihrer Seele zu schauen – nicht selten auch in deren Abgründe. Solche Stärke kann aber auch eine Schwäche sein. Einerseits gibt ihnen diese Fähigkeit die Möglichkeit, den anderen in seinen Gefühlen zu bestärken oder ihn gar zu heilen, wenn dessen Gefühle verletzt wurden. Andererseits besteht durchaus die Gefahr, dass Skorpionmond-Geborene ihre intime Kenntnis dazu benutzen, die Gefühle der Mitmenschen zu manipulieren oder gar zu missbrauchen.

Der Skorpionmond-Geborene fühl sich immer dann in seinem Element, wenn er sich mit seiner Tätigkeit, mit seinen Kollegen und auch mit seinen Vorgesetzten auf emotionaler Ebene auseinandersetzen kann. Rein sachliche, bloß geschäftsmäßige Beziehungen sind ihm eher fremd – und doch flüchtet er sich zuweilen in solche ungeliebten Beziehungen. Das geschieht immer dann, wenn er befürchten muss, seine eigenen Gefühle zu zeigen. Im Wissen um die Macht der Emotionen hat er Angst, sich auszuliefern, verwundet zu werden, die Distanz zu verlieren.

Damit der Skorpionmond-Geborene mit seiner intensiven Gefühlswelt in der Wirklichkeit gut bestehen kann, ist es notwendig, dass er lernt, sowohl Vertrauen zu geben als auch Vertrauen zu empfangen, sich auch einmal ganz auszuliefern und hinzugeben. Dann wird er voller Glück erleben, dass Vertrauen Stärke bedeutet und nicht Hilflosigkeit.

Auch in einer Partnerschaft, in der unter dem Skorpionmond Geborene vor allem Innigkeit, Tiefe und Beständigkeit suchen, kann es dauern, bevor sie sich dem Partner gegenüber öffnen. Beim anderen sind Geduld und Behutsamkeit gefragt, um den empfindsamen Skorpionmond-Partner nicht zu verletzen.

Wenn der Geburtsmond im Schützen stand

Voller Enthusiasmus, voller überschwänglicher Gefühle und mit großer Aufgeschlossenheit für alles Neue begegnen uns Menschen, deren Geburtsmond im Schützen stand. Sie erscheinen als glückliche Menschen, die andere leicht gewinnen und für ihre Ziele begeistern können. Dazu trägt auch bei, dass sie tief im Innern sehr von sich überzeugt sind und nur selten an dieser Überzeugung zweifeln.

Schützemond-Geborene lieben das Abenteuer, und so sind sie immer auf der Suche nach dem Neuem und Unbekanntem. Dabei lassen sie sich weniger von rationalen Argumenten leiten, sondern vielmehr von ihrer lebhaften, zuweilen auch überschäumenden Phantasie. So sehr Schützemond-Geborene andere Menschen überzeugen und beeinflussen wollen, so vorsichtig sind sie doch, wenn es darum geht, sich festzulegen oder gar zu binden – ihre Freiheit und Unabhängigkeit lassen sie sich nicht nehmen. Was Pläne und Projekte angeht, so sind sie bei deren Ausarbeitung kaum zu übertreffen. Wenn es dann aber an deren Verwirklichung geht, um die Überwindung praktischer Probleme, um konkrete Termine und entsprechende Verpflichtungen, dann fällt es ihnen aber schon schwerer, sich dazu zu bekennen.

Manchmal steckt unter der fröhlich-optimistischen Fassade des Schützemond-Geborenen allerdings ein Mensch, dessen Selbstwertgefühl nicht immer so groß ist, wie es nach außen hin scheint. Dann kommt es vor, dass er diese Unsicherheit überspielt, indem er seinem Gegenüber mit schwer zu ertragender Überheblichkeit entgegentritt. Es fällt anderen oft nicht leicht, dies zu erkennen und richtig zu deuten, weil es kaum gelingt, die wirkliche Befindlichkeit eines Schützemond-Geborenen zu entdecken. So bleibt manchmal der Eindruck eines eher oberflächlichen, zu sehr von sich überzeugten Menschen, der mit dem Alltag nicht so recht umgehen kann. Gefühle, auch negative, bei sich und anderen zuzulassen, kann eine wichtige Lernaufgabe für einen Schützemond-Geborenen sein, der an der Stabilisierung seiner Persönlichkeit arbeiten will. Dazu gehört auch das Bemühen, einmal Angefangenes zu beenden und das Ergebnis selbstkritisch zu bewerten.

In einer Partnerschaft ist stets für Abwechslung und knisternde Spannung gesorgt. Die ganz große Liebe soll es sein – dieses Ideal wird ein Schützemond-Geborener immer in seinem Herzen tragen, und er reagiert zuweilen enttäuscht, wenn es nicht jeden Tag gelingt, dieses Ideal zu verwirklichen. Gut ist es, wenn der Partner diese Spannung aushalten kann; sollte er aber versuchen, den Schützemond-Geborenen einzuengen oder gar zu gängeln, kann es ein, dass der sich aus der Beziehung zurückzieht.

Wenn der Geburtsmond im Steinbock stand

Klarheit, Beständigkeit und Ernsthaftigkeit sind die herausragenden Charaktereigenschaften der Menschen, deren Geburtsmond unter dem Einfluss des Steinbocks stand. Sie wissen, was sie wollen, und sie gehen Schritt für Schritt vor, um ihr Ziel am Ende auch zu erreichen. Vernunft und Zielstrebigkeit, dazu Disziplin und Verantwortungsgefühl – das schätzt man an ihnen, und das setzen sie auch ein, um andere Menschen zu beeindrucken. Es kann sein, dass dabei

Romantik und Lebensfreude etwas zu kurz kommen, doch die Steinbockmond-Geborenen schätzen nun einmal das Reale. Ihre tiefen Gefühle schützen sie mit einem Panzer aus kühler Zurückhaltung, denn sie wissen sehr wohl, wie verletzlich ihre im Grunde sanfte und liebevolle Seele ist. Nur wer sich ihr Vertrauen – nach oft langer Dauer – endgültig erworben hat, dem offenbaren sie auch ihre geheimen Wünsche und Sehnsüchte.

Innere Sicherheit findet der Steinbockmond-Geborene in geordneten Verhältnissen: Regeln, Rituale, feste Strukturen engen ihn nicht ein, sie geben ihm Halt. Nichts ist schlimmer für ihn als das Gefühl, nicht gebraucht zu werden. Hat er aber Verantwortung übernommen, bzw. wurde sie ihm übertragen, dann geht er mit aller Konsequenz vor. Das bedeutet auch, dass er Macht, die er über andere Menschen hat, auch ausübt und manchmal auch ausnützt. Hat er erst einmal die Führung übernommen, fällt es ihm sehr schwer, sie wieder abzugeben.

Für einen Steinbockmond-Geborenen kann es hilfreich sein, den schönen Dingen des Lebens – dem Geistigen, der Kunst oder dem Sport –, mehr Aufmerksamkeit zu widmen. Das könnte ein Weg sein, seine Emotionen besser auszuleben und dabei zu lernen, dass man sich seiner Gefühle nicht zu schämen braucht und dass man auf diese Weise einen Weg zu anderen Menschen findet.

An eine feste Bindung in einer Partnerschaft gehen Steinbockmond-Geborene oft nur zögerlich heran. Zu tief sitzt ihre Angst, abhängig und beherrscht zu werden. Andererseits fällt es ihnen auch schwer, ihre tiefen Gefühle, die sie dem Partner gegenüber empfinden, zu offenbaren. Haben sie sich dann aber auch innerlich gebunden, gibt es kaum einen treueren Partner als den, der unter dem Steinbockmond geboren wurde.

Wenn der Geburtsmond im Wassermann stand

Stolz, zuweilen unnahbar, verbergen Menschen, die unter dem Wasserman-Mond geboren wurden, ihre Gefühle und erwecken so häufig den Eindruck, als nähmen sie an nichts und niemandem irgendeinen Anteil. Doch dieser Eindruck trügt in den meisten Fällen – oft verbirgt sich hinter der kühlen Maske ein verständnisvoller, toleranter Mensch, der sehr wohl Verantwortung für seine Umwelt übernimmt.

Lebhafte Emotionen, gar Gefühlsausbrüche wird man bei Menschen, deren Geburtsmond im Wassermann stand, nur ganz selten erleben; sie bleiben scheinbar immer ein wenig auf Distanz, trennen konsequent Berufliches und Privates, meiden allzugroße Nähe, auch bei Menschen, die ihnen vertraut sind. In diesem Zusammenhang verwundert es auch nicht, dass Wassermannmond-Geborene nicht das Zentrum der Gruppe oder der Gesellschaft suchen, sondern stets einen Rückzugsraum im Auge haben, um sich von allzu viel Nähe zu erholen.

Dass sie lieber ihren eigenen Weg gehen, als sich dem Mainstream anzuschließen, ist gewiss kein Fehler. Originelle Ideen und eigenwillige Ansichten bewegen oft mehr als allgemeine und konventionelle Auffassungen. Wird diese Individualität von anderen anerkannt, geht es Wassermannmond-Geborenen gut, und sie werden sich umso stärker engagieren. Mit Kritik an ihren Ansichten und auch an ihrer Art, sich zu geben, können sie allerdings nur schwer umgehen. Wird diese Kritik zu massiv, dann kann es geschehen, dass sie sich wieder zurückziehen. Der Individualist wird dann zum Einzelgänger, seine Einmaligkeit kann in die Einsamkeit münden.

Damit Wassermannmond-Geborene ihre Lebensziele erfolgreich verwirklichen können, sollten sie lernen, ein Gleichgewicht zwischen Distanz und Nähe zu finden. Das wird ihnen umso besser gelingen, wenn sie ihren – oft unterdrückten – Wünschen nach liebevoller Zuwendung und Intimität Raum geben.

Freiräume brauchen Wassermannmond-Geborene auch in einer Partnerschaft, und sie billigen sie auch dem Partner zu. Sie wollen so geliebt werden, wie sie sind, und sind auch bereit, den anderen so anzunehmen, wie er ist. Leider kann man diese ideale Kombination nicht leicht finden, und sie hält auch nicht immer der Wirklichkeit stand. Deshalb kann es geschehen, dass sich Wassermannmond-Geborene lieber aus einer Beziehung entfernen, als sich auf – zuweilen notwendige – Auseinandersetzungen mit dem Partner einzulassen.

Wenn der Geburtsmond in den Fischen stand

Selbstlosigkeit, grenzenlose Hingabe und eine ausgeprägte Neigung zum Übersinnlichen prägen den Charakter und die Gefühlswelt der Menschen, deren Geburtsmond vom Tierkreiszeichen Fische beeinflusst wurde.

Das Bedürfnis, für andere da zu sein, sie zu umsorgen, sie zu schützen, gehört für den Fischemond-Geborenen zu den wichtigsten Lebenszielen. Das ist für ihn und den Umsorgten beglückend, birgt aber für den Fischemond-Geborenen die Gefahr, dass er sich einerseits bis zur Selbstaufgabe anpasst und andererseits den Einflüssen dessen, den er umsorgt, unterliegt. Damit kann aber aktive Anteilnahme zum passiven Dulden werden, Selbstlosigkeit zur Selbstverleugnung führen.

Was sie geben, möchten sie auch empfangen – Fischemond-Geborene sehnen sich nach menschlicher Nähe, zärtlicher Liebe und sicherer Geborgenheit. Finden sie diese, erblühen sie mit der ganzen Fülle ihrer romantischen und uneigennützigen Gefühle. Müssen sie diese Gefühle aber unterdrücken, weil sie von Kälte und rationaler Geschäftigkeit umgeben sind, ziehen sie sich aus der Realität zurück – manchmal in eine eigene, kreative Welt, manchmal allerdings auch in eine tiefe Depression, die zur Krankheit werden kann.

Damit sie ihre wertvollen Fähigkeiten in erfüllender Weise einsetzen können, ist es für Fischemond-Geborene wichtig, sich immer wieder einmal auf sich selbst zu besinnen, ihre eigenen Wünsche und Bedürfnisse zu erspüren und zu befriedigen. Das verleiht die notwendige physische und emotionale Stärke, die sie brauchen, um anderen wirklich zu helfen. Gefragt sind auch Realitätssinn sowie die Anerkennung von eigenen Schwächen und Fehlern.

Menschen, die unter dem Mond in den Fischen geboren wurden, sind auch in einer Partnerschaft voller Hingabe und haben oft die Sehnsucht, in dem geliebten Menschen aufzugehen, mit ihm zu verschmelzen. Für dieses Ziel opfern sie sich auf und übersehen oder verdrängen dabei bisweilen, dass der Partner nicht immer die gleichen Ziele und Motive hat. Auf diese Weise geraten sie manchmal in tragische Verstrickungen, aus denen sie nur schwer entkommen können.

Special: Die Bedeutung der Mondphasen bei der Geburt

Aus fast verschollenen Überlieferungen der Astronomen des frühen Mittelalters kann man entnehmen, dass auch die Mondphase während der Geburt eines Menschen Einfluss auf sein künftiges Leben haben soll. Entsprechende Hinweise gibt es auch im traditionellen Wissensschatz der Sinti und Roma. Nachstehend sind diese Erfahrungen wiedergegeben.

Geburt im ersten Viertel

Wer in der Zeit zwischen Neumond und zunehmendem Halbmond geboren wurde, verfügt über viel Lebensenergie und Frische. Diese Menschen ergreifen gern die Initiative und haben Führungsqualitäten. Ihr Problem kann darin liegen, dass sie zu sehr von sich eingenommen sind, einen gewissen Starrsinn entwickeln und manche Dinge, die sie begonnen haben, nicht zu Ende führen.

In den Überlieferungen der Sinti und Roma findet man folgende Hinweise für diese Mondphase: Menschen, die im ersten Viertel des Mondes geboren wurden, haben ein langes Leben. Wer am ersten Tag des zunehmenden Mondes zur Welt kam, wird Glück haben; wer am zweiten Tag geboren wurde, wird großes Glück haben. Für die Geburt am dritten Tag dieses Viertels werden wichtige und einflussreiche Freunde vorhergesagt; wer am vierten Tag geboren wurde, wird zwischen Glück und Unglück schwanken. Für am fünften oder sechsten Tag Geborene kann ihr Stolz zum Lebenshindernis werden; wer am siebten Tag des ersten Viertels Geburtstag hatte, sollte seine Wünsche geheim halten, damit sie sich erfüllen.

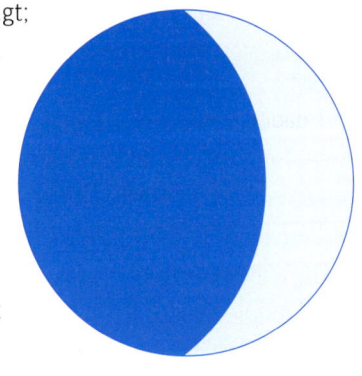

Geburt im zweiten Viertel

Ehrgeiz und große Zielstrebigkeit lassen Menschen, die in der Zeit zwischen zunehmendem Halbmond und Vollmond geboren wurden, oft schon in jungen Jahren sehr erfolgreich sein. Meist verstehen sie es, andere Menschen für ihre Ziele zu begeistern. Andererseits besteht die Tendenz, etwas rücksichtslos zu werden und die Gutmütigkeit anderer auszunützen.

Die Tradition der Sinti und Roma besagt, dass es Menschen, die in dieser Zeit geboren wurden, einmal besser ergehen wird als ihren Eltern. Für die Geburt am ersten Tag des zweiten Viertels sagt sie voraus, dass der Betreffende zu Wohlstand gelangt; für

den am zweiten Tag Geborenen prophezeit sie ein leichtes Leben und für den am dritten Tag Geborenen Reichtum durch Reisen. Am vierten und fünften Tag werden Menschen geboren, die besonders charmant und liebenswürdig sind. Der sechste Tag bringt mühelosen Erfolg, der siebte Tag viele einflussreiche Freunde.

Geburt im dritten Viertel

Menschen, die in der Zeit zwischen Vollmond und abnehmendem Halbmond geboren wurden, haben einen starken Bezug zu ihren Mitmenschen und deren Bedürfnissen und fühlen sich daher besonders wohl in einer Gruppe Gleichgesinnter. Problematisch

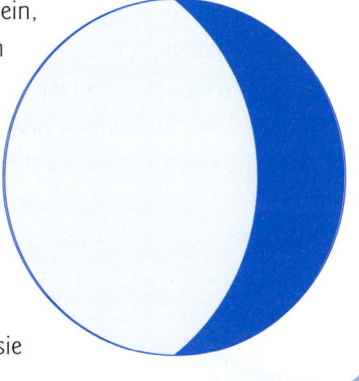

kann eine zu geringe Selbstsicherheit sein, so dass diese Menschen leichter von anderen abhängig werden können und dadurch in der Entfaltung ihrer Möglickeiten eingeengt bleiben.

Laut alter Weisheit der Sinti und Roma haben Menschen, die wärend dieses Abschnitts zur Welt kamen, in ihrem Leben mit mancherlei Schwierigkeiten zu kämpfen, die sie aber durch zähe Beharrlichkeit überwinden werden. Für die am ersten Tag des dritten Mondviertels Geborenen liegt der Erfolg in einem anderen Land; der zweite Tag verheißt geschäftlichen Erfolg. Für die am dritten Tag Geborenen gibt es Erfolge, die durch Intuition und Vorahnung erreicht werden. Wer am vierten Tag geboren wurde, zeichnet sich durch Tapferkeit aus. Bei einem Geburtstag am fünften Tag ist Vorsicht in Geldangelegenheiten angeraten. Wurde man am sechsten oder siebten Tag geboren, dann wird man über viel Kraft verfügen.

Geburt im letzten Viertel

Wer im letzten Viertel des Mondlaufs, also zwischen abnehmendem Halbmond und Neumond, zur Welt kam, wird stets bemüht sein, anderen zu helfen, ist fürsorglich und ein guter Freund. Er wird seine eigenen Interessen zugunsten der Allgemeinheit zurückstellen. Es besteht aber die Gefahr, dass er aufgrund seiner idealistischen Vorstellungen den Bezug zur Wirklichkeit verliert.

Nach Überlieferungen der Sinti und Roma ist den in diesem Abschnitt geborenen Menschen prophezeit, dass sie besonders liebevoll und aufrichtig sein werden. Wer am ersten oder zweiten Tag des letzten Viertels das Licht der Welt erblickte, soll in seinem Heim sehr glücklich sein. Der dritte Tag verheißt Zuverlässigkeit. Für den am vierten Tag Geborenen wird vorhergesagt, dass er sehr empfindlich und sensibel sei. Der fünfte Tag bringt besonders gute Mütter und Väter hervor. Am sechsten oder siebten Tag Geborene werden durch ihre Treue zu Wohlstand und Ansehen gelangen.

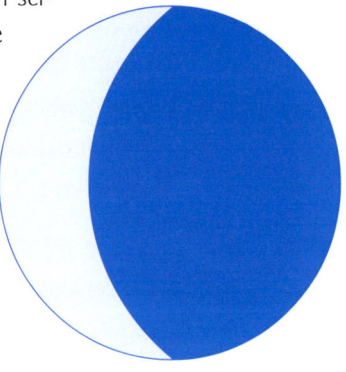

Geburt bei Neumond oder Vollmond

Für diese Sonderfälle – beide Phasen existieren ja nur ganz kurz in reiner Form – gibt es in der astrologischen Überlieferung nur knappe Hinweise. Danach sollen Menschen, die bei Neumond geboren wurden, besonders energisch und dynamisch sein, voller Leidenschaft und Schöpferkraft. Sie neigen aber auch zu einer gewissen Ruhelosigkeit sowie zu Überreaktionen in ihren Beziehungen zu anderen Menschen. Bei ihnen siegt häufig die Vernunft über die Gefühle.

Wer bei Vollmond geboren wurde, soll ein eher harmonischer Mensch sein, der mit sicherem Instinkt gute Kontakte zu seinen Mitmenschen aufbauen kann. Er findet sich in nahezu jeder Situation zurecht, seine Gefühle sind allerdings oftmals stärker als die Vernunft.

Literatur

Literatuhinweise

Föger, Helga: Mond und Natur, München 1998
Föger, Helga: Das Mond-Praxisbuch, München 2007
Föger Helga: Arbeitsbuch Mond, München 1999
Föger, Helga: Mein Mond-Kochbuch. München 2007
Föger, Helga: Mond-Wellness, München 2009
Föger, Helga: Mein Mondgarten, Müchen 2004
J. Paungger/T. Poppe: Vom richtigen Zeitpunkt, München 1991
Röthlein, Brigitte: Der Mond – Neues über den Erdtrabanten,
    München 2008

Mondkalender von Helga Föger,
die jährlich im Heyne-Verlag, München erscheinen (Auswahl):
Mondleben (Wandkalender)
Mit dem Mond leben (Taschenkalender)
Auf einen Blick. Die besten Mondtipps (Wandkalender)
Der große Mondkalender (mit Mondposter und Mondtagebuch)
Mondkalender für jeden Tag (Taschen- und
    Tages-Abreißkalender)
Mondplaner (Tisch- und Taschenkalender)
Mondkalender (Streifen-Wandkalender)
Mond-Familienplaner (Wandkalender)
Mond-Heilpflanzenkalender (Taschenkalender)

Mondtabellen:
Föger, Helga: Der Mond 2010 – 2014 (Mond-Jahreskalender),
    München 2009

Register

Impressum

Originalausgabe
© 2013 by Wilhelm Heyne Verlag, München
in der Verlagsgruppe Random House GmbH

Redaktion: Ernst Dahlke
Bildredaktion: Christa Jaeger
Coverdesign: Lore Wildpanner, München
Layout und Satz: Buch-Werkstatt GmbH, Bad Aibling/Kim Winzen
Druck und Bindung: Druckerei Uhl, Radolfzell

Verlagsgruppe Random House FSC® N001967
Das für dieses Buch verwendete
FSC®-zertifizierte Papier *Hello Fat Matt*
liefert Deutsche Papier.

ISBN: 978-3-453-20049-4

Haftungsausschluss

Die Ratschläge in diesem Buch sind von Autorin und Verlag sorgfältig erwogen und geprüft. Dennoch erfolgen alle Angaben ohne Gewähr. Eine Haftung der Autorin bzw. des Verlages und seiner Beauftragten für Personen- Sach- und Vermögensschäden ist ausgeschlossen.

Bildnachweis

Alamy: 132 (Losevsky Pavel);
Buch-Werkstatt GmbH/Kim Winzen: 12, 57;
Fotolia.com: 88 (digitalstock);
Getty Images: 31 (Oxford Scientific), 48/49, 136/137 (Flickr), 139 (Photo Researchers);
INTERFOTO: 1, 16, 231 (Mary Evans), 26 (imagebroker);
mauritius-images: 8/9 (Ludwig Mallaun), 228/229 (Norbert Fischer);
panthermedia.net: 28/29 (Elvira Gerecht);
Stockfood: 106 (Feiler Fotodesign)